「嘘をつく」とはどういうことか 哲学から考える

池田 喬 Ikeda Takashi

★――ちくまプリマー新書
479

はじめに

谷川俊太郎の詩「うそ」には印象的な文がたくさん出てきます。

おかあさんはうそをつくなというけど／おかあさんもうそをついたことがあって／うそはくるしいとしっているから／そういうんだとおもう

いぬだってもしくちがきけたら／うそをつくんじゃないかしら

うそをついてもうそがばれても／ぼくはあやまらない／あやまってすむようなうそはつかない

だれもしらなくてもじぶんはしっているから／ぼくはうそといっしょにいきていく／どう

してもうそがつけなくなるまで／いつもほんとにあこがれながら／ぼくはなんどもなんどもうそをつくだろう[1]

私はこの詩を何度も読んでいるのですが、いつも考え込んでしまいます。一方で、何となく自分でも理解していることが書いてあると感じます。他方で、本当のところ何が言われているのかははっきりとは分からないという気持ちがします。もちろん、詩の解釈に正解などないでしょう。でも、その何かをどうしても自分なりにつかみたい。そういう思いにかられるのです。

例えば、「いぬだってもしくちがきけたら／うそをつくんじゃないかしら」という部分はどうでしょう。本当に犬が嘘《うそ》をつくようになるかは誰にも分かりません。しかし、このように問う時、嘘をつくことができるのは言葉をもつ動物だ、ということは共有された前提となっているように思われます。言葉をもつことが人間を犬などの他の動物から区別しているという考え方はポピュラーなものであり、西洋哲学においても「ロゴス（言葉）をもつ動物」は人間の定義としてずっと通用してきました。こうしたことは私も理解していると思えることにあたります。

しかし、「いぬだって〜」と続くこの問いでは、犬も言葉を話すようになれば嘘をつくようになるという可能性が語られているのが気になります。そういうことだとすると、人間の子どもも言葉を覚えるとともに嘘をつくような存在になっていく、ということかもしれません。それにしても、言葉を話せるようになるということは本当に大変なことです。このことは外国語の学習を思えばよく分かることです。ドイツ語で嘘をつけるようになるには、相当なレベルにまで達していなければなりません。その他のコミュニケーションの場合と同じように、文を適切に構成し、相手に伝わる発音で話すというだけでなく、嘘の場合には、嘘をついていると相手に悟られないように話す技術も必要です。そうだとすると、大人は、子どもに言葉を教えながら、同時に嘘をつけるような存在を育てているということかもしれません。

もちろん、大人にはそんなつもりはないでしょう。「おかあさんはうそをつくなというけど」とあるように、言葉を覚えた子どもに大人は決まって嘘はつくな、嘘は悪いことだと教えます。では、どうして大人は嘘は悪いと考えているのでしょうか。「うそはくるしいとしっているから」というのは面白い着想です。たいていは、相手を傷つけるから、といった答えがまず返ってくるものだからです。嘘は悪いという理解も一枚岩ではないということでしょう。

嘘は相手だけでなく自分も苦しめる。それだけ嘘は悪いということが分かっていても、この詩では「うそをついてもうそがばれても／ぼくはあやまらない」と言われています。しかし、どんな嘘だってついてよいんだ、ばれたって謝らないんだ、と開き直っているわけではありません。「あやまってすむようなうそはつかない」と言われているからです。悪いと自分で分かっているような嘘はつかない。でも、絶対に謝らないぞと心に誓うような嘘もあるということのように思われます。

こうしたことであれば私にも理解できます。哲学においては、嘘はどうして悪いのかという問いは、たいてい、どんな嘘でも悪いのかという問いとセットで探究されます。相手から利益を得ようとして嘘をつくとか、自分の過ちを隠したりごまかしたりするために嘘をつくことは、たしかに悪いでしょう。そのような嘘がばれたら私たちは謝って許してもらおうとするでしょうし、そんな嘘ならつかないほうが良いに決まっていると多くの人は考えるでしょう。しかし、全ての嘘がそういうものではないはずです。相手を思いやって嘘を言った場合とか、圧力や強制によって言いたくもない嘘を言わされた場合には、嘘がばれても謝って許しを乞うというふうにはならないでしょう。

しかし、最後の部分「だれもしらなくてもじぶんはしっているから／ぼくはうそといっしょにいきていく」を読むと、この詩ではもう少し違う嘘が話題になっているように思えるのです。自分だけが嘘だと知っている嘘があり、その嘘を抱えてその嘘と一緒に生きている。このような経験は、私にも思いあたるところがあります。どうしても本当のことを他人には言えないようなプライベートな自分の部分があるということではないかと思います。きっと多くの人にもそういう部分があるでしょう。しかし、その後、「どうしてもうそがつけなくなるまで／いつもほんとにあこがれながら」とあります。単に、嘘を抱えて生きる、それで良いのだ、とすっきり思えているわけではないのです。嘘がもうつけなくなって嘘まみれの人生から解放される瞬間が訪れるのを心から憧れている、という気持ちが吐露されているように感じられます。なぜ嘘まみれの人生ではなく、嘘のない人生に憧れるのでしょう。これも興味深い問題です。哲学では、嘘はどうして悪いのかを問うだけでなく、誠実さとは何か、正直であるとは何かも論じられてきました。そうした議論に手がかりがあるかもしれません。

ここで本書の三章の構成を確認しておきましょう。

第一章：嘘をつくとは何をすることか
第二章：嘘をつくことはどう悪いのか
第三章：それでもなぜ嘘をつくのか

詩「うそ」からの抜粋をもう一度読んでみてください。この詩はさまざまな問いを喚起します。本書『「嘘をつく」とはどういうことか――哲学から考える』では、それらの問いについて考えるために哲学の考えをさまざまに活用していきたいと思います。そのためには、少なくとも各章のタイトルのような三つの問いが必要であり、少なくともこの三つの側面から多面的に考察することなしには、嘘について本気で考えたことにはならない、というのが本書の立場です。

＊

私たちの誰もが嘘をついたり、嘘をつかれると怒ったり、嘘をついてはいけないと他人に言われたり他人に言ったり、自分に言い聞かせたりしています。しかし、嘘について哲学的に考えたことのある人は少ないでしょう。

嘘は、身近な話題から哲学的に考える練習をするとても良い題材で、人間という存在の複雑さも面白さも、滑稽さも尊さも教えてくれるものだと思います。言葉をもつ。善悪の区別をつける。心をもつ。これらは人間の主な特徴づけです。それらの三者が一体になっているのが嘘というものです。そしてこの三者が各章に対応しています。

これから、嘘の哲学を始めます。嘘について丁寧に考えることを通じて、人間とは何だろうかという根源的な問いが問われることになるでしょう。考察は、笑い、苦しみ、善意、友人、家族、社会、尊重、成長、自分らしさにまで及ぶことになります。これらはどれも人間の生の重要な側面です。人間を多面的に描き出す少し長い道のりを歩んだ後、最後に、詩「うそ」に立ち返りましょう。さっきよりももっと、何が本当に言われているのかを私たちなりに考えられるようになれば、本書の狙いは達せられたことになります。

目次＊Contents

第一章

嘘をつくとは何をすることか

嘘《うそ》をつくことは悪いということは分かりきっているのに、嘘をつくとは何をすることなのかを一から問う必要がなぜあるのでしょうか。ここではまず、そのように問うことの意味を確認したいと思います。

嘘だけでなく、それは悪いことだと誰もが一致する事柄があります。いじめはその一例でしょう。学校においていじめが問題になる時、いじめが悪いということに反対する人はたいていいません。むしろ、論争になるのは何をもっていじめと言うのかです。嫌疑をかけられた子どもたちは、「いじめは悪いことじゃない」と主張しなくても、「遊びのつもりだった」などとは言います。自分たちのやっていることは「いじめ」ではなく「遊び」と呼ぶのがふさわしいと主張するわけです。あるいは、大人たちも「よくある喧嘩《けんか》だと思った」と言い、子どもたちのやっていることは「いじめ」ではなく「喧嘩」だと認識したと述べることがあります。「遊び」から「喧嘩」まで全く異なるタイプの行為と「いじめ」が区別の難しいものとして語られるわけです。以上から、「いじめは悪い」と繰り返すだけでなく、いじめるとは何をすることかを、子どもも大人もきちんと問い、話し合う必要があることが分かると思います。

ところで、私たちは、嘘と冗談とを言い換え可能なもののように語ることがあります。相手が何かを言って私がキョトンとしていると、その人が顔の前で手を左右に振りながら、「いやいや、嘘、嘘だよ、冗談、冗談」などと言うことがあります。その人は、私を面白がらせようとして本当ではないことを言ったのですが、私が本当のことだと信じ込んでいる様子だったので、本気にしないように「いやいや、嘘、嘘だよ、冗談、冗談」と、自分の発言が何であるかを説明したわけです。この時、嘘と冗談とは交換可能なもののように扱われていますが、両者は――いじめと遊びの場合と同様に――相当に異なるタイプの行為のはずです。しかし、厳密にどう違うのかを言おうとすれば簡単ではありません。いじめだけでなく、嘘についても、それが悪いという点では一致があります。だからと言って、何をもって嘘をつくと言うのかをきちんと理解しているとは限りません。それゆえ、嘘をつくことは何をすることかを問うことには意味があるのです。

いじめと遊びや喧嘩との違いを問うことはたしかに世の中にとって大事である一方、嘘と冗談の違いなど瑣末《さまつ》な問題であり、この違いを厳密に問うことにそれほどの緊急性や意義を感じないという人もいるかもしれません。しかし、嘘もまた、人と人との関係を壊してしまうだけでなく、人を追いつめ限界まで苦しめることがあり、その根本的な解決のためには時として社会の大きな変化が必要になるくらいです。その詳細は第二章「嘘をつくことはどう悪いのか」で見ることになるでしょう。この第二章の問いを扱えるようになるためには、嘘と冗談を区別できるくらいまでは、何をもって嘘をつくと言うのかを理解しておかなくてはならないのです。第一章ではその全体を通じて第二章への準備を整えていきます。また、「それでもなぜ嘘をつくのか」という第三章の問いがなぜ重要であるのかも見えてくるはずです。

1　嘘をつくことと騙すこと――行為と意図

嘘をつくことと騙すことは等しいか？

嘘をつくとは何をすることでしょうか。こう問われたらどう答えるでしょう。「嘘をつくとは騙《だま》すことである」という答えはどうでしょうか。比較的自然に聞こえるのではないでしょうか。しかし、立ち止まって考えるべきことがたくさんあります。まずここから始めましょう。

例えば、私が街を歩いていると、欲しかったブランド物の靴が安く売られており、喜んで買ったとしましょう。しかし、家に帰ってよく見ると偽物であることが判明しました。この時、私は「騙された」と悔しがるでしょう。騙したのはこの店の店員であり、騙されたのは偽物を買ってしまった私です。しかし、この時、私は「嘘をつかれた」と思うでしょうか。あるいは、友人にその経験を話すとき、「あの店で騙された」とは自然に言えそうですが、「あの店で嘘をつかれた」と言うのは不自然な感があります。

この場合と次の場合を比較してみましょう。私が街を歩いていると、ブランド物を扱う店があり、店員が「その靴は〇〇〔ブランド名〕製ですよ。今日は特別価格ですよ」と声をかけてきました。喜んで買いましたが、家に帰ってよく見ると偽物であることが分かりました。この時、私は「騙された」と思うだけでなく、同時に今回は「嘘をつかれた」とも思うでしょう。

二つの例の違いは何でしょう。お分かりの通り、第一の場合には店員は何も言わなかったのに対して、第二の場合には店員が言葉を発しているという違いがあります。第一の場合、店員はたしかに私を騙しはしたけれど嘘をついたわけではなく、第二の場合、店員は私を騙しただけでなく嘘もついていた、という違いがあります。

一方で、第一の場合の店員が示しているように、嘘をつかなくても騙すことは可能です。他方で、嘘はついたものの騙すことはなかった、ということも可能です。第二の場合において、私は、店員に「その靴は〇〇製ですよ」と声をかけられましたが、その店員の口調や挙動などから察してその発言を嘘だと見破り、結局、騙されなかった、ということがありえます。この場合、店員は私を騙すことはできませんでした。しかし、嘘をついたことには変わりありません。

以上から、嘘をつくことと騙すこととは等しくないことが分かります。嘘をつくことは騙すことと言い換えられる何かではないわけです。

哲学的に概念を扱う一つの方法――類似の概念の比較検討

嘘とは何かという問いを扱う際に、嘘をつくことと騙すことの違いを問うというやり方は哲学ではよくあるやり方です。嘘の場合に限らず、哲学では「□□とは何か」「□□をするとは何をすることか」などといった根本的な問いを扱うことが多くあります。こうした問いを前にすると、いかにも抽象的な問いであり、哲学は「答えのない問い」を問う学問なのだといった感想をもつ人が少なくありません。たしかに最初から正解のある問いを問うているわけではないというのはそうでしょう。しかし、全く答えのない問いを問うているというわけではないので、この機会に確認しておきたいと思います。

□□に嘘を入れるのであれ、幸福や友情を入れるのであれ、たしかに「□□とは何か」という大きく開かれた問いは、イエス・ノーで答えるアンケート項目のように狭い問いではありません。それゆえ、そのままではどう答えればよいのか途方に暮れても無理はありません。しかし、哲学的に考えようとするなら、こうした大きな問いに多面的に答えるためのさまざまな工夫が必要であり、その工夫の方法を知っておくことが大切です。

例えば、類似の概念を並べるのはそうした工夫の一つです。嘘をつくとは何をすることかを問うために、騙すことという類似の概念との比較検討を行うわけです。それによって嘘をつくことは何をすることか、あるいは何をすることではないかが、多少なりとも明らかになることが期待されます。同じことは、例えば、「友情とは何か」を問う際に、友情と恋愛の違いや友達と恋人の違いは何かを問うとか、「幸福とは何か」を問う際に、幸福な人生と価値ある人生は等しいかを問うなどという場合にも当てはまります。

他にも、類似の概念を並べるのではなく、反対の意味をもつ概念を並べるなど、大きく開かれた問いにさまざまな角度からアプローチする方法があります。例えば、「愛とは何か」を問う際に、愛と憎しみを並べて両者の関係を考えるなどです。

騙すことは嘘の意図である

嘘をつくことと騙すこととは別物だということは明らかになりました。けれど、そもそも両者を比較検討したのは両者が類似しているからであり、深く考えないと両者はイコールで結べるように思えてしまうからでした。そうだとすると、両者の概念の間には相違点だけでなく、密接な関連性があるはずです。

では、嘘をつくことと騙すこととはどのように関連しているのでしょうか。この点を明らかにするために、まず、騙すとはどういうことかを考えておきましょう。先の店員は、二つの場面において、無言であるか嘘をついたかはともかく、私を騙そうとしていました。

店員は、その靴が○○製の靴であると自分では信じていないのに、私にはその靴が○○製の靴であると信じさせようとしていたのです。別の言い方をすれば、この店員は自分では真でない（偽である）と信じていることを私には信じさせようと意図していたのです。すると、騙すとは、〈自分では偽だと信じていることを相手に信じさせること〉だと言えるでしょう。私は、その店員が偽だと信じていることを真であると信じ込み、真だと信じた内容に基づいてその靴を買うという行為をしてしまったのです。

店員は私を騙そうと意図して嘘をつきました。すると、嘘をつくことと騙すことの関係は次のように言えるでしょう。嘘をつくことにとって騙すことはそこで意図されていることであり、簡潔に言えば、騙すことは嘘の意図である、と。

重要なことは、一般に、意図は実現することも実現しないこともありえるということです。例えば、私が相手を喜ばせようと意図して、プレゼントを贈ったとします。しかし残念ながら相手はこのプレゼントを気に入らず、喜びませんでした。相手を喜ばせるという意図は実現しませんでしたが、私がプレゼントを贈る行為をしたことには変わりありません。同様に、店員が私を騙そうと意図して嘘をついたとしても私を騙せるかどうかは分かりません。私が見破ったら、騙そうとする意図は実現されずに終わります。しかし、この意図が実現しなかったからといって嘘をつく行為がなされなかったということにはなりません。むしろ、騙そうと意図して嘘をついたというその事実が浮き彫りになり、私を怒らせるでしょう。

嘘をつかなくても騙すことは可能——変装の例

私たちは、相手を騙そうと意図して嘘をつくことがあります。しかし、先の店員の例から分かったように、騙そうと意図してなされる行為は、嘘をつくことによっても、そうでない行為によっても可能です。先の店員の第一の例において、店員は、無言で、それらしい靴をそれらしく陳列することによって、私を騙そうと意図していました。嘘をつかずに騙す方法はそれ以外にもいろいろあります。

例えば、私が警察官の制服を来て道に立っていると、道ゆく人は私のことを警察官だと思うかもしれません。実は私は、道ゆく人たちに、私は警察官だと思い込ませようと意図して、変装しており、人々が「あ、警察だ」と思って目をそらしたりするのを見て楽しんでいるのです。そうした場合、私は、街中での変装によって、自分が信じていないこと（私が警察官であること）を真であると他人に信じ込ませることができています。つまり、騙そうという意図を、嘘をつかずに実現しています。このような無言の変装行為は、私が「私服警官の者ですが」などと道ゆく人に話しかける場合とは、やっていることが相当に異なります。後者のように言葉を発して相手を騙そうとした時には、私は嘘をついたと言われるでしょう。

2　言語行為論の枠組みで嘘を考える

言葉の通じる相手に対してだけ嘘はつける

私たちは相手を騙そうと意図してさまざまに行為することが可能ですが、嘘はそのなかでも言葉を発することでなされるという点で独特の行為です。この点は、私たちが嘘をつけるのは言葉が通じる相手に対してだけであり、それゆえ、世界のなかのごく一部の人に対してだけだ、ということを示しています。例えば、ドイツにいて、周りの人たちは皆ドイツ語しか解さないとしましょう。その環境でどうすれば道ゆく人に警察官だと信じ込ませることができるでしょうか。嘘をつくことは、「私服警官の〇〇です」とドイツ語で言えない限り、できません。変装するなど、言葉を用いない別の方法に切り替えるしかなさそうです。

あるいは、翻訳ツールを使ってドイツ語では「Ich bin 〇〇, ein Polizeibeamter in Zivil.」と言えばよいと分かったとしましょう。そうだとしても嘘をつくのは難しいでしょう。まず、この文字列を発音できなくてはなりませんし、下手な発音ではすぐに見破られるでしょう。ドイツで実際に私服警官として勤務している人だと思わせるくらいの発音となると、ネイテイブ並みでないといけません。あるいは、練習してこの文字列は見事に発音できるようになったとしても、言われた相手は「警察手帳を見せてください」とか「なぜ呼び止めるのですか」と応じる見込みが高く、そうである以上、相手のそれらの発話を理解して回答できるドイツ語力がなくては嘘をつきとおすことはできないはずです。

こうしてみると、もしあなたが日本語だけを話すのであれば、あなたが口頭で嘘をつけるのは日本語を解する相手に対してだけということになるでしょう。

言語行為論の枠組み

ところで言語とは何でしょうか。記号の体系であるとか、情報を伝達するツールであるとか、さまざまな見方があります。しかし、嘘をつくという行為を考えるためには、現代哲学の重要な分野であり、イギリスの哲学者ジョン・L・オースティン（一九一一〜六〇）が基本的な枠組みを作った「言語行為論（ないし発話行為論）」について知ることが有益です。言語行為論においては、言葉を、それを使うことで私たちが行為するという観点から捉えます。私たちがいかにして言葉でものごとを行うかに注目し、その構造を分析するのです。[1]

例えば、お店で店員の人に、「天ぷらそばください」と言うとすれば、私はそのように言うことにおいて「注文」という行為をしたことになります。店員が天ぷらそばを運んできたら、ただ頭の中に思いついたことを口にしただけで注文した覚えはない、というわけにはいきません。あるいは「トイレはどこですか」と言うとすれば、それは「質問」という行為をしたことになるでしょう。「お茶を取ってください」と言えば「依頼」を、「ごめんなさい」と言えば「謝罪」をしたことになるでしょう。言語は私たちの生活に深く浸透しています。なぜなら、私たちは言語を用いることで現実の状況のなかでさまざまに行為しているからです。次に、言語行為論の枠組みを、嘘をつくという行為にも当てはめてみましょう。

発語行為・発語内行為・発語媒介行為

オースティン由来の言語行為論では、言語行為は、（1）あることを言うことである「発語行為」、（2）そのように言うことにおいてなされることである「発語内行為」、（3）あることを言うことによって生じることである「発語媒介行為」という三側面から考察されてきました。[2]

先の例で言えば、「天ぷらそばください」と言うことは発語行為、そのように言うことにおいてなされた「注文」が発語内行為、店員に天ぷらそばを作ろうと思わせることが発語媒介行為に相当します。言語行為にはもっといろいろあります。命令、依頼、命名、祈りなどです。図書館のなかで音楽を大音量でかけたら、図書館のスタッフや他の利用者から「音楽を消してください」と言われたり、場合によっては「出て行きなさい」と強く言われたりするかもしれません。スタッフや利用者は、そのように言うことにおいて依頼や命令をしており、結果として、音楽をかけた人に音楽を消させたり、あるいは反発させたりするかもしれません。

他方、ドイツ語を勉強している人が教科書に出てきた「Gehen Sie hinaus!（出て行きなさい）」という例文を読み上げるという場合には、単に言葉を発しているだけで、依頼や命令の行為をしていることにはなりません。しかし、現実の生活においては言葉を言うことで私たちはさまざまな仕方で行為し、他人の行動に影響を与えているのです。

言語行為論の枠組みで嘘を把握する

言語行為論の道具立てを使うと、嘘をつくことは次のような言語行為として整理できます。（1）「その靴は○○製です」と言う発語行為、（2）そのように言うことにおいて「嘘をつく」という発語内行為、（3）相手に靴を買いたいと思わせたり相手を警戒させたりするという発語媒介行為に整理できます。発語内行為が発語行為において遂行される行為であるのに対して、発語媒介行為は発語行為から生じる結果であるため、例の店員が騙す意図をもって「その靴は○○製です」と言った限り、その意図が実現したか否かの結果にかかわらず、嘘をついたことに変わりはないと言えるわけです。

発語媒介行為は、発語内行為において意図されたことに合致することも合致しないこともあります。靴を買いたいと思わせることは騙そうとする意図に合致しますが、相手を警戒させることはこの意図に合致するものではありません（なお、これ以降、典型的な場面としては口頭での発話の場面を考えますが、書き言葉でも嘘がつけることは前提とします）。

3　嘘をつくことと間違ったことを言うこと――「真」と「信」

言明も嘘も平叙文で語られる

ところで、それぞれの発語内行為にはそれに適した表現の形式があります。命令をするには「出て行け！」などと命令文で言い、「出て行ってもらえますか？」とか「彼は出て行く」とか言っても命令することはできません。質問をする時には「彼は学生ですか？」などと疑問文で言う必要があり、「彼は学生です」と平叙文で言うのであれば「言明」という別の行為になります。「彼が学生でありますように！」と言えば、そう願っているのでしょう。

嘘にもそれに適した表現の形式があるはずです。命令文、疑問文、願望文などを使って嘘をつくことはできるでしょうか。先の店員が「この靴を買え！」と言ったり、「ああこの靴を買ってくれればなあ！」と言ったりしたとしても、嘘をついたことにはならないでしょう。仮に私がその靴を買ったとしても、命令されて脅《おび》えたとか、祈っている店員に同情したとかの別の理由によるのであり、嘘に騙されて買ったわけではありません。

これらに比べると、「○○製の靴は好きですか？」と質問することは、相手に目の前にある靴は〇〇製であると信じ込ませる効果をもちうるように思われます。ただし、店員が私に信じ込ませようとしているのは、この疑問文に対する答えとなる内容「私は〇〇製の靴を好きだ／好きでない」ではなく、この疑問文の前提になっている内容「その靴が〇〇製だ」のほうです。店員は、疑問文の前提を飲み込ませようという仕方で間接的に嘘をついたわけですが、その嘘の内容を書き出すと平叙文になります。

嘘に特有な表現の形式は「その靴は〇〇製です」「私は警察官です」「彼は学生です」のような平叙文であり、字面上は「言明」と一致しています。

言明と真理の特有な結びつき

「今、雨が降っている」でも「明治大学は東京にある」でも「彼は学生です」でも「現在のドイツの首相はショルツだ」でも、平叙文を用いて言明することの狙いは、世界がどうあるかを記述したり報告したりすることにあります。それゆえ、言明は、それ以外の発語内行為とは違って、特別な仕方で「真理」に関係しています。真理といっても、哲学では、「真実はどこにある？」といった表現でしばしば考えられるような探し物のことが問題なのではなく、ある文が真であったり偽であったり（言い換えれば、正しかったり間違っていたり）する性質を指すのが通例です。

「出て行け！」と命令文で言う場合、実際にその人が出ていったかどうかは、命令の意図が実現したかしなかったかという点で関係するのであり、発せられた文が真であるか偽であるかという問題とは別です。他方、「今、雨が降っている」「明治大学は東京にある」「彼は学生です」「現在のドイツの首相はショルツだ」のいずれを言う場合でも、言明が世界の事実を語ろうとする行為である以上、語られた内容は真であるか偽であるかという真理に関わっています（例えば、最後の文はこの本を書いている時点では真ですが、年月が経てば偽になるでしょう）。

なお、言明においては必ず「□は○です」式の完全な文が述べられていなければならないというわけではありません。さまざまなタイプの短縮形がありえます。嘘の場合も同様です。例えば、先の店員が靴を指で指しながら「○○製」と言った場合、「この靴は○○製です」と完全な文を述べたわけではありません。しかし、その靴を指で指すことは「この靴」を特定する振る舞いであり、○○が靴のブランドであることは自明である場合、その文脈で「○○製」と発話されたなら、その発話は「この靴は○○製です」の短縮形として自然に理解することができるでしょう。このように、一語を発するだけでも言明や嘘となることが可能な状況もあります。

嘘をつくことは単に間違ったことを言うことではない

嘘をつくことと言明することとは平叙文を述べるという表現の形式において一致していることを先に確認しました。しかし、両者の行為はやはり別物であり、一致は見た目上のものにすぎません。

まず、嘘をつくことは単に間違った（偽なる）ことを言うこととは異なるという点があります。「外は雨が降っている」と信じてそう言明したものの、いつの間にか雨は止んでおり、間違ったことを言っていた、ということがあります。しかし、この場合、間違ったことを言ったからといって嘘をついたことにはならないでしょう。

また、嘘の内容はいつでも間違いだというわけでもありません。「それは○○製の靴ですよ。今日は特別価格ですよ」と嘘をついたはずが、店員の知らないうちに、誰かが靴を本物の○○製の靴に取り替えており、店員は真なることを言っていたとしましょう。この場合、その内容が真であってもやはりこの店員が嘘をついたことに変わりはないと感じられます。その理由は、この場合、店員が言ったことがたまたま真であったとしても、この店員は、その靴が〇〇製であるとは信じていないのにあたかもそれが真であるかのように言ったという点に変わりがないからです。言語哲学者のドナルド・デイヴィドソン（一九一七〜二〇〇三）は、嘘をつくことに必要なのは「あなたが言っていることが偽であるということではなく、あなたが自分の言っていることを偽だと思っているということ」[3]だと述べています。

（なお、真なることや偽なることという言い方がぎこちなく感じる場合には、当面、正しいことと間違っていることと読み替えてもらってもかまいません。ただし、正しい／間違っているは道徳的な善い／悪いにも使われます。ある文が真である／偽であることは道徳的な善／悪とは重ならないので、誤解を避けるためには、多少ぎこちなくても真／偽という対を使うことに意義があります。第一章の議論が終わる頃には真／偽という表現に慣れることを目指したいと思います。）

嘘における「信」の重要性

言明と嘘の違いから明らかになったのは、嘘においては、話し手が自分の言っていることを「偽だと信じている」（あるいは「真だと信じていない」）ことが重要だ、ということです。「外では雨が降っている」と言明する場合はこうではありません。言明において私たちは、自分で言っていることは真だと信じており、そう信じている通りに相手に言います。そして、実際には雨は止んでいたのであれば、自分はそう真だと信じて言ったけれど間違っていた（偽だった）と認めることになります。他方、嘘をつくことは、自分が真だと信じていないこと、つまり、自分は偽であると信じていることを、相手にはあたかも真であるかのように言う、というギャップが特徴的です。

嘘をつくことにとって、話し手が自分で言っていることを真だと信じていないという点はとても重要です。例えば、店員が「○○製の靴が今日は特別価格ですよ」と言ったり、「特別価格で○○製シューズが本日入荷」という広告を掲げていたりした場合でも、この店員自身が、その靴を本当に○○製だと信じていたらどうでしょうか。自分が偽物を扱っているなどとはこの店員には思いもよらないのです。この場合、この店員は嘘をついているのではなく、真でない（偽である）ことを信じて、信じている通りに話したり表示したりしているだけだと言うべきでしょう。そして、あなたがその靴は○○製ではないことに気がついたなら、この店員にすべきことは「騙したな」と怒ることではなく、その靴は、本当は偽物であることを教えてあげることでしょう。もっとも、自分が売っている商品が偽物かどうかを把握していない店員の無知は非難されても仕方ないかもしれません。しかし、その非難は嘘をつくことへの非難とは異なります。

内面についての嘘

あるいは、自分の内面についての嘘のことを考えてみてはどうでしょうか。相手のことを何とも思っていないのに「あなたのことが好き」と言ったり、全く反省していないのに「心から反省しています」と言ったりする場面です。この際、「この靴は○○製です」とか「私は警察官です」とか言う時と同じようには、真であるとか偽であるとかを客観的に言うことはできないでしょう。こうした場合であれば、靴をよく見たらロゴが違っていたとか、警察手帳を持っていないとか、何らかの証拠をもって、話し手が言っていることは偽であると聞き手側が示しえます。しかし、本当は私のことを好きだなんて信じていないとか、心から反省していると いうのは偽だということを、話し手本人以外がどうやって知りうるのでしょうか。「あなたのことが好き」とか「心から反省しています」という内面についての嘘は、話し手がそのことを信じていないことが本人にしかアクセスできそうにないという点で特徴的です。

もっともこのように言うからといって、内面についての嘘において言われている内容が偽であることは話し手本人のみが知る、とまでは言えないでしょう。「心から反省しています」

と口先だけで言っても、それが嘘であることはしばしば丸見えです。反省していると言っているのにニヤニヤしていたり、好きだと言っているのにセリフを棒読みするように言っていたりしていたら、すぐに嘘だとばれるでしょう。

嘘をつくことには特有の言い方がある

内面についての嘘でさえ言い方を間違えればすぐにばれるということの点が示しているのは、嘘をつくという行為には、騙す意図をもつことや言葉を発することだけでなく、それにふさわしい言い方をするという身体レベルの実践が含まれるということです。

命令には相手に特定のことをやらせようという意図があり、質問には答えを得ようという意図があり、それぞれの意図に沿って、命令文は強めに言うとか質問は丁寧に言うとかの一定の言い方があります。その言い方は、単に字面として何を言うかにとどまらず、音量、口調、声色、姿勢などに現れます。嘘において、人は相手を騙す意図をもって平叙文を発話するのであり、騙すとは、自分が信じていないことを相手に信じ込ませることです。嘘をつくことにもこの意図に沿った特有の言い方があるでしょう。あたかも特別なことは何もないかのように平静を装って、怪しまれないように言うなど、嘘をつくことには特有の演技性があります。嘘をつこうとすると、挙動が不自然になり、声も上ずってしまうというような場合には、嘘だとすぐにばれてしまいます。そのような人は、あの人は裏がなくて嘘をつくことができない、と言われたりするでしょう。

4　嘘の標準的定義を考える――演技性の導入

嘘をつくことについての本書の理解と標準的な定義

ここまでで、嘘をつくことを言語行為論の枠組みで把握し、さらに、言明という行為との違いを明らかにしてきました。そろそろ「嘘をつくとは何をすることか」という問いに対する答えをまとめたくなってくる頃でしょう。これまでの考察から得られたことをまとめると、この問いには次のように答えることができそうです。

L：嘘をつくことは、相手を騙そうと意図して、自分が真であると信じていないことをあたかも真であるかのように、平叙文で言うことである。

この内容を本書における嘘の理解Lと名づけることにしましょう。今後もこの嘘の理解は本書の各所で呼び出されることになります。ところで、哲学の世界においては言語哲学という分野で嘘についての議論が蓄積されてきました。Lとは少し違うのですが、そこでは次のような嘘の定義が標準的なものとして受け入れられてきました。

「AがBにpだと嘘をついた」は次のように定義される：

（1）AがBにpだと言った
（2）Aはpが正しくないと思っている
（3）Aはpだと言うことにより、Bをだましてpだと思わせようと意図した[4]

ただし、この定義は最終的なものではなく、この定義の不備を指摘したり、改訂したりすることで議論が展開されています。その詳細を追うことは高度に専門的になるので断念するしかありませんが、Lもこの標準的定義と基本的な内容を共有しながらも、独自に改変を加えるものなので、その点を確認しましょう。まず、標準的定義における「p」は「平叙文」、「思っている」は「信じている」に置き換えて差し支えありません。すると分かるように、（2）と（3）については、Lと標準的定義の間には何も違いがありません。しかし、（1）の部分について本書では、何かを言うことにはその意図に応じた特有な話し方があるという点を重視しています。

標準的定義では、店員（A）が客（B）に「この靴は○○製です」（p）と言ったことが、嘘をつくことの要件の一つになっていますが、どのように言ったのかは問われていません。棒読みで言っているのか、声が上ずった様子で言っているのか、いかにも自然な感じで言っているのかに、標準的定義は関わっていないのです。たしかに、標準的定義は、嘘をつくことをそれ以外の言語行為から区別して正確に特定できる点で優れたものです。しかし、何かを言うことにおいて嘘をつく場合、単に何を言うかだけではなく、どのように言うかもまた慣例的な特徴として大切であるように思われます。嘘を言っていると見破られないように、平静を装って言うとか、ポーカーフェイスで言うとかです。

言葉を話すことを広く捉える——身体性と演技性

もう一度、Lを見てみると、「自分が真であると信じていないことをあたかも真であるかのように」言うとあります。私は、この「あたかも真であるかのように」発話するという演技性の習得は必須であるという点が大切だと考えています。このように演技性に注目することは、標準的な言語哲学のアプローチからは離れることを意味します。話し手が何を意図したり信じたりしているのか、また話し手は何を言ったのかだけを見ていても、嘘をつくという実践の複雑な内実は見えてこないのであり、より広く、嘘をつくこと——あるいは、言葉を話すこと一般——に含まれる身体性にも目を向ける必要があるというのが本書の立場です。

例えば、嘘をつき始めたばかりの子どもは、嘘をつこうとすると実にわざとらしくなり、まるで顔に「嘘をついている」と書いてあるかのようです。嘘の発話の演技性がまだ身についていないため、ばればれなのです。成長してからも深刻な嘘をついている時には、動悸《どうき》が早まったり手に汗がにじんだりしてきて、これらの様子を隠そうとしたり、隠そうとしてもうまくいかないということがあります。こうした場合、嘘は簡単に見破られるでしょうが、嘘をついていることに変わりはなく、また、わざとらしくなったり動悸が早まったりするのは、あたかも真であるかのように言う演技を試みている（がうまくいっていない）証拠だと言えるでしょう。

逆に、嘘の演技性は高度にもなりえますし、すっかり板についてごく自然なものにもなりえます。人を騙すことで商売をしているような人は、実に親切そうだったり親身になっているように装ったりすることに長《た》けており、相手が自分の言っていることを信じるように仕向ける術を心得ています（ので、要注意です。私は、若い頃、五、六人で街をぶらぶらしていたところ、中年の紳士に見える人に「テレビに出られる」と声をかけられ、あれよあれよという間に全員で数万円を騙し取られたことがあります。これだけ多くの人でいたのに、かなりの時間が経《た》つまでその人が本当に自分たちを騙したとは信じられませんでした)。

このように考えてみると、嘘をつけるようになるプロセスには、ある言語を習得することだけでなく、言葉を用いた当の行為に即した振る舞い方を身体レベルで身につけることが含まれます。そして、嘘をつくようになることは、自分が信じていることを他人に隠すことができるようになるということであり、人が内面をもつことにも関わります。他方で、その内面は、これを隠そうとすればするほど、言葉がもつれたり、顔がこわばったりと、他者にさらけ出された身体がいうことをきかないことがあるように、本人が自由にできるものではありません。本書第三章では、嘘をつくことを身体と心を含めた全身的な行為として考えます。そして、結局、嘘をつく存在という観点から——言葉や内面をもつ点で独特な動物だとされる——人間とは何だろうか、と問い進めていきます。しかし、今は話が広がり過ぎるのを避け、Lに戻りましょう。

(書き言葉で嘘をつくことについて付け加えておきます。ドイツ語の発音が十分にうまくないために口頭で嘘をつくことはできないとしても、それなりにドイツ語ができれば、あるいは自動翻訳を使えば、電子メールなどで嘘をつくことはできるように思われるかもしれません。しかしこの場合にも文脈にあった然るべき言葉遣いやフォーマットのように、口頭で嘘をつく場合のジェスチャーや表情に相当する演技性が要求され、そのことが依然として高いハードルとなるでしょう。例えば、恋愛相手を探していることを装ったジャンクメールはよくあります。あるいは、大学教員の場合だと正式な国際会議に招待されたことを装ったメールなどを受け取ることがあります。それらは、カジュアルな恋愛や正式な学術会議のメールにふさわしい言葉遣いやフォーマットを用いています。しかし、こうした演技的要素は、絵文字や各種記号の使用、あるいは、標題の付け方や差出人の署名など、結局、その言語における出会いとか学術の世界にそれなりに精通していないと、不自然でズレたものになります。そしてこれらの一切に精通しているのであれば、ドイツ語で生活している人と区別がつきません。演技性は、現実の言語生活から遊離した何かではなく、逆に、当の言語を本当に使った生活を要求しているのです。）

5　嘘と皮肉の違いとは

嘘と皮肉はどこで似ているか

これまでの考察により、嘘をつくことは、相手を騙そうと意図して、自分が真でないと信じていることをあたかも真であるかのように言う行為だという見方を得ることができました。以下では、この見方に基づいて、嘘をつくことに類似している他のタイプの行為との違いを考えていきたいと思います。

次のような例を考えてみましょう。AはBと親しく付き合い、他の人には話せない秘密をBには話したこともあります。ところが、最近、CからBがAの秘密を陰で噂《うわさ》にしていると聞きました。Aは複雑な表情を浮かべた後、Cに「いやあ、Bは良い友達だ」と言いました。別の例も考えてみましょう。天気予報で今日は晴天だと言っていたので、私は、少し遠いキャンプ場まで出かけてバーベキューをすることにしました。準備が終わろうとする頃、雨雲が立ち込め、あっという間に大雨となりました。そこで私は言います。「気象庁は本当に信用できる。見てよ、この良い天気。雨、雨、雨」。

これらの例において、話し手は「Bは良い友達だ」とか「良い天気だ」と本気で信じているわけではないでしょう。むしろ、本当はそうだと信じていないことをまるで本当にそう信じているかのように装って言っている、と思われます。その限り、Lに含まれていた「自分が真でないと信じていることをあたかも真であるかのように」言うことに相当するように見えます。しかし、これらの例におけるAや私の発言を嘘だとは普通言わないでしょう。これらの例は、言語学や言語哲学の文献において「皮肉」の例として用いられているものです。

皮肉において、話し手は聞き手に文字通りの意味ではない内容を理解させる必要があります。先の二つの例においては、文字通りに言われているのとは反対のこと、つまり、「Bは良い友達なんかじゃない」とか「ひどい天気だ」ということが言わんとされているのでしょう。皮肉は、話し手が本当にそうだとは信じていないことをあたかも本当であるかのように言う点で、嘘に似ています。

皮肉には言及対象への侮蔑があるが相手を騙す意図はない

しかし、たいていの場合、皮肉と嘘とが混同されることはありません。両者には明確な違いがあるからです。言語哲学者のポール・グライス（一九一三〜八八）は、「私が何かを皮肉な仕方で言えるのは、私の言う事柄が、敵対的ないし軽蔑的な判断だとか、憤りや軽蔑といった感情を反映するように意図されている場合にかぎられる」[6]と述べています。たしかに、先の例でも、言及されている対象（「B」や「天気」）に対する憤りや軽蔑が表現されていることが分かります。

他方、嘘においては、言及されている対象への軽蔑や憤りは表現されていません。嘘をついて「この靴は○○製である」と言う場合、その靴に対する軽蔑や憤りが表現されているわけでないことは明らかです。

嘘をつく場合には、言及対象への侮蔑がない代わりに、聞き手を騙そうとする意図があります。他方、本物の○○製の靴について、高価であるにもかかわらずすぐにくたびれてしまった場合に、「これでも○○の靴なんだよ」と皮肉を言うとすれば、この靴に対する憤りが表現されているでしょう。しかしこの場合、聞き手を騙そうとする意図はありません。

皮肉は皮肉だと明示できる

皮肉には騙す意図がないという点から、嘘との違いについてさらに明確になることがあります。皮肉の場合には、話し手が真だと信じていないことをあたかも真であるかのように言っているだけだということを、聞き手も理解しています。聞き手が、「え、秘密をバラしたのに、Bが良い友達ってどういうこと？」とか「こんな雨なのに、なぜ良い天気だなんて言うの？」と聞くとすれば、話し手は「いやいや、皮肉で言っているんだよ」と述べて、自分が何をしようとしているのかを明示することができます。

他方、「この靴は○○製です」と言うことで嘘をついている場合、話し手は聞き手に、自分は真だと信じていないことをあたかも真であるかのように言っているだけだと、説明するわけにはいきません。嘘をついている場合には、聞き手を騙すことが意図されており、この意図を明かすことはできないからです。意図を明かすことができないのは、この意図が知られた場合、聞き手が発言の内容を信じることはないからであり、つまり、この意図はそれが知られるならば実現しないようなものだからです。言いかえれば、嘘をつくことにはその意図を隠すことが含まれるわけです。

真であると信じていないことをあたかも真であるかのように言う点で、嘘と皮肉には類似性が見出せますが、嘘には聞き手を騙そうとする意図があります。このことが、嘘は悪いことと見なされるのに対して、皮肉は悪いこととは見なされないという事情に関係しているでしょう。皮肉も言えないような社会は窮屈だと感じられるでしょうし、皮肉はむしろ会話のスパイスとしてポジティブに働くようにさえ思われます。ただし、皮肉は言及対象への軽蔑を含むという点で道徳的に全く中立というわけではないことも確認されました。

6　嘘と冗談の違いとは

冗談に騙す意図はなく冗談だと明示できる

次に、皮肉と同じように、「自分が真でないと信じていることをあたかも真であるかのように」言うという点で嘘に似ているものとして「冗談」についても考えてみましょう。これは実話ですが、ある時、授業中に「新しくできたラーニングスクエアは、日本初の可動式校舎で動くんですよ」と私が言ったことがあります。ラーニングスクエアというのは、私が勤務する明治大学の和泉《いずみ》キャンパスに二〇二二年に新設された校舎で、その校舎が完成してまもなくの頃にそんなことを言ってみたのです。学生のなかに笑いがこぼれると同時に、えっという驚きの表情をする学生も見られました。すると私は自然に「嘘、嘘、冗談ですよ」と言っていました。事実、ラーニングスクエアは動いたりはしないのですが、冗談でそう言ってみただけです。本当かと思って驚く学生に対して、私は冗談で言っているだけだと自分の発言を説明したかったわけです。

このエピソードを取り上げたのは、私たちはしばしば「いやいや、嘘、嘘だよ、冗談、冗談」などと自然に言い、嘘と冗談とを交換可能なものかのように扱っていることに注目するためです。しかし、嘘をつくことは悪いことだと言われるのに対し、冗談は楽しくて面白いものだと思われています。それにもかかわらず、いじめと遊びの場合に似て、嘘と冗談の区別が曖昧になることがあります。しかし、よく考えれば両者は明らかに別物です。

まず、冗談を言う場合、嘘をつく場合とは異なり、相手を騙す意図はありません。それゆえ、話し手は聞き手が冗談を言っていると理解していない場合には、自分は冗談を言っているということを説明できます。しかし、嘘の場合には自分が嘘をついているということが相手に知られてはいけません。

同じことは芝居のセリフにも言えます。芝居のセリフは、自分で真だと信じていないことをあたかも真であるかのように言う点で嘘に似ていますが、やはり、本気にしている人がいたら、「これはお芝居で言っているんだよ」と自分が何をしているのかを明示できる点で嘘とは異なっています。

嘘を発語内行為として認めない議論

皮肉や冗談と嘘とのあいだの相違は、専門的に言えば、成功条件の違いだとされています。

一般に、発語内行為の成功にとっては話し手が何をしようとしているのか——注文しよう、皮肉ろう、など——を聞き手が認識していることが成功の条件になります。

例えば、話し手（客）が「天ぷらそばください」と言うことで注文に成功するのは、聞き手（店員）が、この話し手が注文しようとしていることを認識している限りにおいてです。客が「天ぷらそばください」と言っている場合に、店員が何らかの理由で、この客はお芝居の練習をしようとしていると認識する——そして続きを期待して耳を傾けている——とすれば、同じ言葉を言っていても注文の行為は成功しません。もちろんこんなことは滅多にありそうにありませんが、例えば、この客が同席の客とずっとお芝居の練習の話をしていて、しかも今度蕎麦屋《そばや》が舞台の芝居に出るという話をしていたとすればどうでしょう。この話が店員の耳にも入っていたとすれば、先のような勘違いが生じる可能性はあります。

「Bは良い友達だ」とか「ラーニングスクエアは可動式校舎です」とか言った場合も事情は似たようなものです。話し手は、皮肉を言ってBをおちょくろうとしたり、冗談を言って笑わせようとしたりしています。聞き手が話し手のこうした意図を認識していることが、皮肉や冗談を言う行為の成功条件になっています。それゆえ、聞き手にこの認識が欠けていることが分かると、話し手は、「冗談だよ、冗談」とか「皮肉で言っているんですよ」と明示的に述べて、自分が何をしようとしているのかを聞き手に認識させる必要が出てきたわけです。

ところが、嘘の場合には、話し手が何をしようと意図しているのかを聞き手が認識していないことが成功条件になる、という根本的な違いがあります。嘘が成功するのは、まさに聞き手が、話し手は嘘をつこうとしているのではないと思い込んでいる場合です。嘘の場合には、発語内行為の成功条件に、話し手の意図についての聞き手の認識が欠けているという決定的な特徴があります。それゆえに、嘘はそもそも発語内行為としては扱えないという議論もあります。[7] しかし、ここでは専門的な議論には立ち入らず、原則的な同意点を確認するにとどめましょう。つまり、嘘において話し手は、自分がやっていること――嘘をついていること――を聞き手に認識させてはならず、そのことを明示することはできず、むしろ隠し通す必要がある、ということです。

「笑えない冗談」を考える――優越の理論

皮肉だけでなく冗談も嘘に似ていますが、決定的な違いがあることは分かりました。そもそも嘘とは異なり、皮肉と同様に冗談もコミュニケーションのスパイスであり、皮肉も冗談もない会話は面白くないに違いありません。しかし、どんな料理のスパイスも分量を間違えれば料理を台無しにしてしまいます。実際、「笑えない冗談」という言い方があるように、私たちは冗談だと言えば何でも言ってよいと考えているわけでもないようです。

昔から古今東西に見られる冗談として知られるものに「エスニックジョーク」というものがあります。何らかの人種、民族、国民のメンバーのステレオタイプ化された特徴を笑いのネタにする冗談のことです。このような冗談は、自分たちとは別の集団のことを、自分たちとは異なっていて滑稽なものとして描き出します。ここでは一例だけをあげましょう。アメリカの病院の診察室で、医師が日本人の患者に聞いた。「How are you?」日本人の患者が答えた。「I'm fine thank you. and you?」というものです。[8] 医師は患者に心身の調子を尋ねているのに、英語学習で暗記した例文のような返事をする典型的な日本人の様子を描いています。

馬鹿にされているようで笑えないという読者もいるのではないでしょうか。なぜでしょうか。この問いに対しては、最も古くから普及している笑いの理論と言われる「優越の理論」が答えてくれます。それによれば、笑いとは「他人にたいする優越感の表現」なのです。[9] エスニックジョークの笑いのネタは、「ある特定の民族集団の行動特徴や価値観と目されるもののなかでも「ネガティブ」な側面」[10] であるので、このタイプの冗談は、典型的に、自分たちとは異なる人たちに対する優越感を表現するものだと言えるでしょう。

ところで、笑いには伝染するという特徴があります。[11] 私たちは、しばしば、誰かが笑っているだけでつい笑ってしまいます。具体的に何を言っているのかはよく聞き取れていなくても、みんなが笑っていたらつい笑ってしまうということがあるでしょう。このように笑いは伝染するため、お笑いでは、会場の全体を笑わせるよりも、会場の半分だけを笑わせるのは難しいと言われるほどです。

エスニックジョークに見られるように、冗談はしばしば特定の人たちを劣ったものとして集団で笑い者にするものです。笑い者にされている人の立場に立つと、このような冗談は面白いものではありません。ですから、私としては、笑いが伝染してみんなが笑っていても、自分もなんとなく笑うというのではなく、「え、なんて言ったの？」と冗談の内容を確認し、人を笑い者にするような冗談であれば、「笑えない、面白くない」と言う勇気をもつことも大事ではないかと思います。

より安心して笑える冗談とは——ズレによる笑い

幸いなことに、私たちの笑いは優越感が満たされる反応だけを源泉とするわけではないようです。私たちは、予期していなかった何かが生じたり語られたりした時、その反応として可笑《おか》しくなり笑うという考え方があり、「ズレの理論」と呼ばれています。[12] 私たちは慣れ親しんだ世界のなかでさまざまなことを予期しています。特定のものには特定の振る舞いのパターンがあり、特定のものには特定の性質や機能があることなどを予期しています。YouTube のような動画サイトには、ペットの犬が人間のように振る舞ったり、幼い子どもがまるで大人のように振る舞ったりした時のホームムービーがよくアップされていますが、そういうのを見るとつい可笑しくて笑ってしまいます。

先に挙げた「ラーニングスクエアは可動式校舎で動くんですよ」という冗談も、このズレの理論で説明可能です。校舎は当然動かないと予期するので、それが動くと言われて、その様子を想像するとつい笑ってしまう、という面があるでしょう。このような冗談は、人間の集団ではなく事物を対象としており、また、優越感のような感情を刺激するのではなく、普通予期されることとは別のことを言うことで想像や認知を刺激するものです。それゆえ、教室で言っても、特定の誰かを傷つける可能性は低く、より安心して笑える冗談のように思われます。

何が安心して笑える冗談なのか、どういう笑いなら思い切り笑えるのか。これは難しい問題です。たしかに、冗談を言うことには、嘘をつく場合とは異なり、相手を騙そうとする意図はないのですが、そうだとしても、単にコミュニケーションの潤滑油だとして重宝がるだけでは冗談の複合的な側面は見えてこない。このことも明確になったかと思います。

冗談や皮肉はそれ自体考えるべきことの多いトピックですが、嘘をつくとは何をすることかという本章のメインの問いからはだいぶ離れてしまいました。ここでは、冗談も皮肉も、相手を騙そうという意図がない点で嘘とは明確に区別できる一方、嘘とは別の問題を含んでもいるということを確認するにとどめておきます。

7 サプライズのための嘘——嘘でないかもしれない

発話の時点では騙す意図がある

Lをより明確にするために、二点、考えておきたいことがあります。まずは「サプライズのための嘘」と呼びたくなるものについてです。次のような場面を考えてみてください。

長年一緒に住んでいるカップルのAとBがいます。二人の関係にとってある記念日がやってきました。AはBを喜ばせようとサプライズパーティーを計画しています。当日の朝、Bはこの日がその記念日であることには気がついていましたが、もう何年もその日を祝うことはなかったので、ただ、「じゃ、仕事行ってくるけど、今日はいつも通り？」とAに聞いただけでした。Aは「うん、いつも通り」と答えましたが、Bが家を出ると、さっそくごちそうを作り始め、部屋中に飾り付けをしました。夕方にはBの昔の友人が何人も到着しました。Aが事前に呼んでおいたのです。Bは、仕事から帰ってくると、盛大なパーティーにびっくり、驚くやら嬉《うれ》しいやらで、楽しく夜を過ごしました。

ここで問題になるのは、Aが朝言った「うん、いつも通り」という発言です。このように言うことは、Lに照らして嘘をつくことに該当するように見えます。Aは、自分がいつも通りに会社に行くとは信じておらず、かつ、自分が会社に行くことをBが信じるように意図していました。Bが、発言をそのまま信じずに、疑い深くなって、家に引き返してきたりしたら、うまくいかなかったでしょう。その限り、AはBを騙すこともたしかに意図していました。しかし、「サプライズのための嘘」は本当に嘘と言えるのか、立ち止まって考える必要があります。

騙す意図がないことを環境的要因が明らかにする

サプライズパーティーを開催して相手を驚かすという行為は、それなりの時間幅で考える必要があります。たしかに、「うん、いつも通り」と言った時点では、少なくとも当面は、AにはBを騙す意図があると言ってよいでしょう。しかし、最終的にはAはBを騙そうとしていたわけではないはずです。Aのこの発言は、会社に行ったと信じ込ませるという騙しを意図してではなく、相手を驚かせようと意図してのものであることが、Bに後で判明することを前提して発せられているものだからです。

「うん、いつも通り」というAの発言の意図はどのようにして後に判明するのでしょうか。

サプライズが成功した場合には、Bが帰宅して部屋の中を見た時点で、環境的要因によって自ずと判明するでしょう。プレゼントやご馳走《ちそう》の存在が、いつも通りに会社に行ったというのは本当のことでなかったことを示しているのです。Bは「なんだ、いつも通りって言っていたけど、そうじゃなかったんだ」と笑って言うでしょうし、Aは「その通り、会社には行ってなかったんだよ」と応じて同意するでしょう。この隠し立てのなさが本当に嘘をついている場合とは対照的です。

嘘の場合には、発言が本当ではないことを指摘されても、本当であるかのように振る舞い続けなくてはなりません。Bが「今日はいつも通り？」と聞いた時にAが「うん、いつも通り」と答えたのは、Bの外出中に浮気相手を家に呼ぶためだったとしましょう。この場合、Aは「本当は会社には行ってなかったんだよ」と事後的にであれ、言うことはできません。また、環境的要因から嘘をついていたことが判明しないように、浮気相手が来ていたことが分かりそうな変化がないかを繰り返しチェックしたり、「本当に会社に行っていたの？」と聞かれた場合には何としても会社に行っていたと信じ込ませるように努力したりし続けるでしょう。「サプライズのための嘘」と本当の嘘ではやっていることが全く異なります。

ここで「サプライズのための嘘」と冗談を比較してその特徴を確認しましょう。両者には見かけ以上に共通点があります。冗談を言っているのに本当のことを言っていると相手が信じている場合には、冗談で言っていることを明示する必要がありました。他方、サプライズの場合には、自分が言ったことの意図をプレゼントやゲストなどの環境的要因が明らかにしてくれる点が特徴的です。しかし、冗談の場合も、会話の文脈、話し方、身振りなどの環境的要因によって、話し手が冗談を言おうとしていることが明白であることは少なくありません。また、次に見るように、「サプライズのための嘘」も、場合によっては、騙す意図がないことを相手に明示する必要が出てくることがあります。なお、ここまで「サプライズのための嘘」と言われるものが本当の嘘とは異なる行為であることは明らかになったので、今後は混乱を避けるために「サプライズのための便宜的発言」と言い換えます。

意図を明示する必要が生じる時

サプライズパーティーの準備を終えて、AはBの帰宅を待っています。しかし、いつもなら帰ってくる時間になっても帰ってきません。Bのかつての友人たちもたくさん集まっているのに、困ったことになりました。そこでAはBに電話をかけることにしました。すると、Bは、記念日だとは知っていたけど、Aは「うん、いつも通り」としか言わなかったので、特に何もないのかと思い、会社の同僚とレストランで食事をすることにし、奮発して高いコースを注文したところだと言います。こうなると、Aは、「たしかに「いつも通り」と言ったけど、本当は会社には行っておらず、サプライズのパーティーを用意していたんだよ。昔の友達もたくさん来ているから、早く帰ってきてよ」などと懇願するしかなくなるでしょう。

このようにサプライズが思い通りに成功しなかった場合、話し手は、自分が何をしようとしていたのかを明示する必要が出てきます。この点でやはり、サプライズのための嘘は冗談や皮肉と共通しており、本当の嘘とは異なっています。「うん、いつも通り」と文字通りには同じことを言っていても、Aが浮気相手を家に呼ぶために嘘をついていた場合には、あれは嘘だったとは決して言えません。この「言えない」という点ゆえに、嘘をつくことは大きな苦しみになったり、深い後悔をもたらしたりします。サプライズのための便宜的発言にはこのような苦しみはありません。嘘をつくことに特有な苦しみについては第二章でまた戻ってきます。

サンタクロースのプレゼントに騙す意図はない

サプライズのための便宜的発言はパーティーのためだけに使われるわけではありません。

例えば、クリスマスにサンタクロースからのプレゼントだとして子どもを驚かせる慣習を考えてみましょう。大人たちは、本当にサンタクロースからの贈り物であるかのように、クリスマスのプレゼントを用意します。その間、「サンタクロース来てくれるかな」などと子どもに言います。そして、子どもが「サンタ、来た！」と満面の笑みで報告しに来るのを見ると、嬉しさや愛《いと》おしさと同時に、胸がチクリとすることを経験した大人は多いでしょう。

たしかに、大人はサプライズのための便宜的発言で「サンタクロース来てくれるかな」と言っているのですが、先のサプライズパーティーの場合とは異なり、子どもはプレゼントを見ても、大人がサプライズのために本当じゃないことを言っていたことに気がついたりはしません。サプライズのプレゼントを開け終わっても、子どもは元々の発言を信じているという違いがあります。

しかし、パーティーの場合と同様に、サンタクロースの場合にも、最終的には大人に騙そうとする意図はないはずです。幼い時は「サンタが来た」と言う子どもをただ愛おしく見ていた大人も、小学生になり、高学年になっても同じように「サンタが来た」と言い続けていたら落ち着かなくなるでしょう。便宜的発言とは言え、「サンタクロース来てくれるかな」とかつてのように穏やかに言うことはできなくなり、どこかで自分で気がついて欲しいと願いつつ、そうならないならそろそろ本当のことを言わなくてはならないかと悩むでしょう。サプライズパーティーのように、自然と子どもがいつかは気づいてくれるのが一番ですが、Bがパーティーに現れなかった時のように、場合によっては、自分が何をしようとしていたのかを明示する必要が生じることもありえます。

本当のことを言うまでの猶予付きファンタジー

その時の典型は子どもが「サンタさんは本当にいるの？」と聞いてきた時でしょう。こう聞かれた時に、あくまでサンタの存在を信じ込ませようとする大人はいないと思います。むしろ、サプライズパーティーと同様に、いつかは「本当じゃなかったんだ」と子どもとオープンに語り合える瞬間を待っていたでしょう。

最近、スコット・ハーショヴィッツという哲学者による、自分の子どもとの会話をもとにした哲学入門書がベストセラーになりました。その本のなかでも、本書のこれまでの議論とは別のルートからですが、サプライズの嘘は嘘ではないという結論が出されているので、少し見てみましょう。

彼は、サンタクロースと歯の妖精の存在を例に挙げています。[13] 後者は米国で乳歯が抜けるとやって来るとされている妖精のことです。大人は、サンタクロースや歯の妖精が存在するかのように子どもに語りますが、ハーショヴィッツはこれをしばらくの間、ファンタジーの世界で遊ぶことだと考えます。ごっこ遊びなどで、架空の役割を割り当て、目の前の事物をさまざまなものにたとえて遊ぶようなものでしょう。ただし、加えて言えば、サンタクロースや歯の妖精の場合は、繰り返し何年にもわたって続き、その場限りの遊びではなく、社会全体でこの架空の世界を演出しているので、舞台設定や仕掛けの規模が違います。

ハーショヴィッツによると、サンタクロースや歯の妖精が存在するファンタジーの世界で子どもと大人が遊ぶことにとって大事なのは、子どもが本当はどうなのかを聞いてきたときに大人がきちんと本当のことを答えるということです。[14]彼の子どもは、ある時、「ぼくが親になるまでに、歯の妖精が本当にいるかどうか教えてくれる？」と母親に聞いてきたそうです。母親は「もちろん」と答えました。サンタクロースや妖精のいる世界は、子どもがこの世界からまさに出ていくためにあり、大人は子どもがこの出口を見つけるのを待っていると言えるでしょう。まさにこの瞬間がファンタジーのなかでの遊びのゴールと言ってよいくらいなのです。

この瞬間を迎えた子どもはこれまでの子どもではなくなっているでしょう。サプライズパーティーのBのように、物事の仕掛けに気がつくことのできる大人に近い存在へと一歩進んでいます。逆に言えば、もうあの無垢《むく》な――疑うことを知らない――子どもはもういない。相手の言っていることを疑ったり、逆に、嘘をついたりするようになる過程は、子どもが内面をもち、独立した存在になっていく過程と重なっているでしょう。この点は第三章で詳しく考察します。

8　自分に嘘をつく――つきたくない嘘をつく局面

嘘と催眠

Lを明確化するために、もう一つ、私の授業で起こった議論を紹介させてください。話題になったのは「自分に嘘をつく」ことはできるかです。

次のような例をあげてくれた学生がいました。AはCのことを好きだが、Aは、BもCのことが好きだと知っている。AとBは仲良しで、Aは、BがCのことをどんなに好きかをいつも聞かされている。そんなAがある時、「自分に嘘をつくのはやめた。私もCが好き」と言う――。このような場面は「自分に嘘をつく」とたしかに呼ばれることがありますが、Lに基づけば、他人に嘘をつくのと同じ意味で自分に嘘をつくことはできない、という結論になります。この点を確認してみましょう。

まず、他人に嘘をつく場面を考えましょう。Aが、BにCのことが好きかを聞かれ、「Cなんて好きじゃない」と嘘をつくとしましょう。Lの表現を用いれば、Aは自分が信じていないこと――Cを好きでないということ――をあたかも真であるかのようにBに言っています。AはBとの仲に傷がつくのを恐れているのか、このように嘘を言ったのです。BはAを信じ、騙され、二人は（表面的には）これまで通りに仲良くしています。また、AはBに好きな人がいるかを聞かれた時に、「ま、まっさか、C、な、なんて、好きじゃ、じゃない！」などと慌てて声を上ずらせることなく、ごく当然のように「Cなんて好きじゃない」と言う必要があるでしょう。

次に、これと同じように自分に嘘をつこうとする場面を考えてみましょう。まず、「私には好きな人はいない」とか「Cなんて好きじゃない」と、自分では信じていないことをあたかも信じているかのように、鏡に映っている自分に向かって独り言を言います。あるいは、口に出さずに、心の中で心に刻み込むように、「私には好きな人はいない、Cなんて好きじゃない」とゆっくり唱えます。Cのことが好きだという信念がどうも揺らがないので、もう一度同じように独り言を言い、あるいは心の中で唱えるということを繰り返します。すると、徐々に、Cのことが好きじゃないような気になってきたとします。

他人に嘘をつく場合と自分に嘘をつこうと努力している場合を比べると、やっていることが違うと分かるのではないでしょうか。仮に私がCのことは好きじゃないという気分になったとしても、AがBに嘘をつき、Bが騙されてAは「Cなんて好きじゃない」と信じたという状況とはかなり異なるように思われます。「他人に嘘をつく」のと同じ行為を自分に対して試みると、まるで自分に催眠をかけているような状態になってしまい、言っていることも呪文のような繰り返しになってしまうのです。

その理由は、通常、嘘をつくことで騙そうとする行為は、一方に、あることを真だと信じていない話し手がおり、他方に、そのことを真であるかのように語られる聞き手がいるという状況で、二つの異なる立場にある人間の間で生じるからです。嘘が成功したとしても、Aは、自分がCを好きではないと信じ始めるわけではないですが、今やBは、AはCが好きでないと信じています。他方、自分に嘘をつくことが成功するには、あることを真だと信じていない立場と、そのことを真だと信じる立場の両方が一人の人のなかになければなりませんが、一人の人間があることを真だと信じるとともに真でないと信じることにはある種の矛盾があるように思われます。信じていない自分と信じ込む自分が一人の自分のなかに同居していなくてはならないわけです。このような矛盾や自己分裂は、他人に嘘をつくという場面では生じません。もともと別の人間であり、Aがあることを信じていないこととBがそのことを信じることには何の矛盾もないからです。こうした対比が付けられる以上、文字通りの意味では「自分に嘘をつく」とは言えないでしょう[15]。

誘発された沈黙——言いたいことを言えない

Cのことを好きだというBの話を聞かされていたAが「自分に嘘をつくのはやめた。私もCが好き」と言うことは、文字通りの意味で「自分に嘘をつく」ことではないことが分かりました。では、Aが「やめた」と言っているのは何なのでしょうか。

「私もCが好き」と本心を語ったAは、それまで、Cへの想いについてBに何も言えなかったのでしょう。すると、Aがもう「やめた」と決意したのは、言いたいことを言えないまま黙っていることではないでしょうか。BがCのことを、愛情を込めて話しているのを聞いているとき、Aは「私もCが好き」という言葉をずっと飲み込んできたのでしょう。本当に思っていることを言いたくても言えない状態に長く留め置かれてきた後、ついに沈黙を破って「私もCが好き」と言うことができたのでしょう。そうだとすると、Aが「自分に嘘をつく」ということで言わんとしていたのは、他人に嘘をつくのと同じ意味で自分に嘘をつこうと試みることではなく、「言いたいことを言えない」という全く別の状態のことです。この状態を状況によって「誘発された沈黙」と呼ぶとしましょう。

誘発された嘘――言いたくないことを言わされる

誘発された沈黙では、Bがいつも C のことを一人で語っていて、Aが黙ってそれを聞いているという場面が想定されていました。しかし、Bが「まさか、AもCのことが気になっている、ってことはないよね」とAに聞いてくる、ということもありえます。Aは本当のことを言ってBとの友情にヒビが入るのを恐れるあまり、いつものように沈黙し続けようとするかもしれません。しかし、その様子を見たBが、「え、もしかして。ちゃんと答えてよ」とさらに迫ってくるとすれば、Aは口を開いて「え、私はCのことなんて気にしていないよ」と言わざるをえなくなるかもしれません。この場面に至って、Aは、言いたいことを言えずに沈黙している状態から、自分が真だと信じていないことをあたかも真であるかのように言う状態に移行したと言えるでしょう。つまり、AはBに嘘をついたのです。Bはこの嘘によって騙され、「なんだ、よかった」と安堵《あんど》し、またCの話を続けます。

ここでAはたしかにBに嘘をついてはいるのですが、この嘘はBによって誘発されたと言ってよいでしょう。Cのことが好きかどうかをBが何度も聞いてきたので、Aは最後には嘘をつかざるをえないような状況に追い込まれたわけです。その後Aは耐えられなくなり、「自分に嘘をつくのはやめた。私もCが好き」とBに打ち明けるかもしれません。しかし、そうだとすると、「自分に嘘をつく」と言われているものの問題は、実際にはBに対して沈黙したり嘘をついたりしていることだと言えます。

では、なぜ「自分に嘘をつく」と言いたくなるのでしょうか。それは、ここでの沈黙や嘘が他人によって誘発されたものであり、自分がしたいことというよりやらされていることであり、それゆえ、沈黙したり相手に嘘をついたりすることによって自分らしさが損なわれていると感じるからではないでしょうか。自分に嘘をつくことはできるかという問いの考察が教えてくれる最も大事なポイントは、嘘をつくことは必ずしも自発的になされるものではなく、場合によっては強制されるものでさえありうるということだと思われます。

誘発と強制——嘘の自発性のグラデーション

私たちは自発的に嘘をつくこともあれば、意に反しているのに嘘をついてしまうこともあることが見えてきました。このことは、一口に嘘と言っても、より自発的に嘘をついている場合と強制の度合いが高い場合との区別が必要であることを教えています。

同じ行為に分類されるもののあいだでも、自発性の高低によってその行為に対する評価は変わってきます。例えば、同じ盗みでも、自ら計画して盗みを働いた人と、拳銃を突きつけられて盗みを強要された人を比較してみてください。後者の人も盗んだことはたしかですが、自発的に盗んだ人と同じようにこの人を責めることはできないでしょう。むしろ事件に巻き込まれてしまい、したくもないことをさせられたことを可哀想《かわいそう》に思い、同情するのではないでしょうか。

あるいは、そもそもこの人は盗むという行為をしたと言うべきなのか、と迷うかもしれません。拳銃を突きつけられた人は、盗めと言われた物を手に取り、拳銃を突きつけている人に渡しただけだったかもしれません。この場合、本来の意味で盗んだのは拳銃を突きつけている人物のほうだと考えることは自然でしょう。

さらに、拳銃を突きつけられている場合と盗むようにけしかけられた場合とを比較するとどうでしょう。盗めないのは臆病者だと周りからはやされ、盗みをそそのかされるとかして、そんなことがなければ決してしなかったはずの盗みをしてしまう、といった場合です。このようにけしかけられて盗んだ場合は、自ら計画して盗んだ場合に比べると自発性が低いですが、拳銃を突きつけられて盗みを強制された場合に比べるとまだ自発性が残っているように感じられます。仲間にそそのかされて盗んだ場合には、仲間外れにされたくないなど、自分自身の利害関心が関与しているからでしょう。

以上のように、同じ盗みでも自発性には程度差があり、完全に自発的である場合と完全に強制された場合とのあいだにはグラデーションがあります。そそのかされて盗んだ場合は、そそのかされなければやっていなかった以上、完全に自発的ではないですが、自らの利害関心があり、思いとどまることもできた以上、責任を問うことはできるし、強制されたとまでは言えないはずです。他方、拳銃を突きつけられて、盗まなければ殺すと脅されるというのは極限的な場面です。この場合、言われた通りに盗んだ人に対して、いや思いとどまれたかもしれない、あなたには責任がある、と言うことは難しいでしょう。

では、嘘の場合はどうでしょうか。まず、相手から利益を得ることを計画して偽物を買わせようと嘘をつく店員は、自発性の高い嘘をついていると見なしてよいでしょう。この場合に比べると、Bに何度も聞かれたのでついに観念して「え、私はCのことなんて気にしていないよ」と嘘をついたAには、相対的に自発性は低く、言いたくないことを言わされたという性格が濃いように思われます。しかし、このAが完全に強制されて嘘をつかされたと言うのは、そそのかされて盗みを働くことを強制されたとまで言うのと同様に、行き過ぎです。Aのこの嘘には、Bとの友情関係に傷をつけたくないというA自身の利害関心が関与していますし、そもそもAは嘘をつくことを思いとどまって、現に、「私もCが好き」と言うこともできたからです。この嘘は強制されたのではなく、誘発されたというのがちょうどよいでしょう（なお、店員の場合も、自ら計画的に詐欺を働いているというよりも、店主に脅されて詐欺行為に加担させられているとか、周囲にそそのかされて嫌々ながら悪質な商売に手を染めているといった状況であれば、嘘を強制されているとか誘発されていると言うのが適切でしょう）。

盗みとのアナロジーでいえば、嘘が強制される場面とは、嘘をつかなければ自分の命が奪われるか、あるいは自分が嘘をつかなければ誰かが殺されるような場面だと言えます。拳銃を突きつけられて盗んだという場合には、これを盗んだと言ってよいのかが問われました。同様に、嘘をつかなければ自分か他人が殺されるという場面で嘘をついたという場合も、こんな場合でも嘘をついたと言ってよいのかが問われて当然です。完全な強制の場面は、もはや他の場合と同じように盗んだとか嘘をついたとか言い難くなる場面であり、自発性のグラデーションの（自発性が低い側の）限界点に達していると言えるでしょう。

9　嘘に騙す意図は必要ないという説——批判的検討

「白々しい嘘」からの議論

本章では、「嘘をつくこと」と「騙すこと」の相違点と関連性を考察し、騙すことは嘘の意図であるとすることから出発しました。この見方は、嘘についての標準的定義にも含まれ、常識に沿ったものでもあり、これまで見てきたようにさまざまな事例をよく説明できる点でも優れたものです。ところが、嘘をつくことに騙す意図は必要かを問い、必要でないと結論する論者もいます。騙す意図はないけれど嘘をついているとしか言いようのない事例があれば、嘘をつくことには騙す意図は必要でないと言える見込みが高まるでしょう。「白々しい嘘」と呼ばれるものがしばしばそのような事例だと見なされています。言語哲学者のジェニファー・ソールが挙げている自白の強要と全体主義国家の事例を見てみましょう[16]。

まず、Aが犯してもいない罪の自白を強要される場面を考えてみましょう。その場にいる誰もがその人がその罪を犯していないことは分かっています。この人たちにとっては、事件を解決したことにできればよいだけで、Aが自白してくれさえすればよいのです。言い換えれば、Aは、自分がその罪を犯したということを真だと信じてはいないものの、信じていないことをあたかも真であるかのように言うことを強いられています。しかし、その場の誰にとってもそれが真でないことは分かりきっているので、Aに相手を騙そうとする意図は認められません。それゆえ、Aは騙す意図なしに嘘をついている、というわけです。

全体主義国家が人々に国家を支持する発話を強要しているという場面も挙げられています。人々はその国の政策を支持するような内容を言うように強要されています。人々はそのような政策が良いと信じてはいませんが、あたかもそう信じているかのように言い合っているのです。しかし、誰もがそれが真でないことは分かっており、互いに騙す意図は認められません。それゆえ、この事例も騙す意図のない嘘があることを示しているように一見されます。

ソールはこうした事例に基づいて、嘘に騙す意図は不要であるという見解を支持しています。もし、この見解が正しいとすれば、Lに基づくこれまでの議論はその根幹から揺るがされることになります。ですから、この異論は慎重に吟味する必要があります。

全体主義国家の例——誘発と強要再考

自分に嘘をつくと言えるかを考えたとき、自分に嘘をついていると言いたくなる場合の本当の問題は、言いたいことを言えないことや言いたくないことを言わされることにあるということを確かめました。言いたいことを言えないとか言いたくないことを言わされるということは、自分を騙そうと意図して自分に催眠をかけようとすることとは異なります。むしろ、周囲の力によって言葉を飲み込まされたり、他人が自分にそう言うことを期待しているであろうことを言わされたりしている点が重要です。また、周りの人に誘発された嘘に対して、脅迫などによって強制された嘘はもはや嘘をついたと言うべきかが問われる限界事例であることを確認しました。

ここで全体主義国家の例に戻りましょう。ソールは実話として、チェコの劇作家であり大統領でもあったヴァーツラフ・ハヴェル（一九三六〜二〇一一）の『力なき者たちの力』に登場する青果店の店主を取り上げています。この店主は国家の政策を支持するスローガンを店先に掲げていますが、そのような政策を良いと信じているわけではなく、店に入ってくる人たちの誰もこの店主が本気でそのスローガンを信じているとは思っていません。ハヴェルはこのような生活を「嘘の中で生きる羽目になる」と表現しています。[17] そこから、この青果店の店主は騙す意図のない嘘をついている、と論じられるわけです。

しかし、この店主の振る舞いを、「騙す意図のない嘘をついている」と特徴づけるのが適切かどうかは立ち止まって考えるべき問題です。『力なき者たちの力』を読むと、この店主は「皆がそうやっている、そうしないといけないから」という理由でこのスローガンを掲げており、社会と調和してうまくやっていくために、生活に必要だからそうしている、と書いてあります。[18]

私の見方では、この人はむしろ、言いたくもないことを全体主義国家の圧力によって言わされている、というのが適切です。この店主は、社会から浮いたり非難されたりしないように、言いたくもないことを言っており、社会状況に誘発されて嘘をついている、と言えるように思えます。しかし、厳密に考えれば、この店主の状況は、友人関係を傷つけたくないために、本当はCを好きなのに好きじゃないと嘘をついたAの状況と同類とは言えないでしょう。むしろ、この店主の状況は、友人がどう思うかを忖度《そんたく》して嘘が誘発された場面よりも、嘘をつかなければ殺すと脅されて思ってもいない嘘を言わされている場面により近いものと見なすべきではないでしょうか。店主によれば、スローガンを掲げることはそうしなければ生活ができないからでした。通常の社会ではそんなスローガンを掲げなくても商売をし、生きる糧を得ることは可能でしょうが、この「全体主義国家」においてはそうしなければ現に生き延びられるかどうかが分からないわけです。それゆえ、このケースは限りなく自発性が低く、強制の度合いが特に高いものであることに注意する必要があるでしょう。

するとこの事例は自発性のグラデーションの限界事例であり、これを嘘と呼んでよいのかが問われるようなものだということになるでしょう。それゆえ、到底、嘘のプロトタイプとして扱うことはできません。嘘と呼びうるかどうかも怪しい事例を挙げることで、私たちが嘘と呼んでいるものの基本的な特徴である「騙す意図」は必要ないと論じるのはおかしいと思います。

ハヴェルが「嘘の中で生きる」と表現した状況は、詐欺の店員のように自発的に嘘をついている状況からはかけ離れています。むしろ、言いたいことを言えなかったり、言いたくないことを言わされたりすることが横行している状況でしょう。このことの息苦しさは、自分らしく生きることのできなさとして別個に真剣に考えられるべきものです。この問題は、第三章で誠実さの問題として考えます。

人殺しにも嘘をついてはいけないのか――嘘の臨界点

本章の最後に、哲学において嘘が話題になる時に必ず登場する問いを取り上げましょう。それは、人殺しにも嘘をついてはいけないのか、という問いです。

次の状況を考えてみましょう。あなたは友人Aを自宅に匿《かくま》っています。友人を追ってきて殺そうとしている人がいるのです。そんなある日、誰かがあなたを訪ねてきました。この人に場所を突き止められたのです。その人が「Aはここにいるか」と聞きます。あなたはどうするでしょうか。嘘をつくことは悪いはずです。しばらくの緊張の後、あなたは「Aはここにはいない」と言います。人命を助けるためなら嘘をつくことも許されると考えたのです。

このシナリオが有名であるのは、近代ドイツの代表的哲学者であるイマヌエル・カント（一七二四〜一八〇四）が、このような状況でも嘘をつかずに真実を言うべきだという見解を示したからです。「いかなる言明においても信念に従う（誠実である）ことは、神聖で、無条件的に命令し、どのような事情があっても破られてはならないような、理性の戒律なのである[19]」と、カントは述べています。

なぜカントはこのように、いかなる場合でも嘘をついてはならないと考えるのか。この問題は多くの解釈者を悩ませてきました[20]。そして、かなりの人たちがカントの見方は間違っており、このような場合には嘘をついてもよいし、まさにこの事例こそ、嘘をつくことは常に悪いわけではないことを示していると考えてきました。

本章では、嘘はどうして悪いのかを議論する前に、そもそも嘘をつくとはどういうことかを考察してきました。その立場からすると、この事例においても、嘘をつくことは悪いのか、あるいは悪くないのかと論争する前に、考えるべきことがあります。

一口に嘘と言っても、さまざまな嘘のあいだには自発性と強制の度合いに差があり、その度合いによってその嘘についての私たちの見方や評価は変わることはすでに確認しました。そして、嘘をつくことが誘発どころか強制された場合、自発性の度合いは限りなくゼロに近づき、この限界点においては、その行為はなおも嘘をついていると呼ばれるべきかが問われるのでした。その具体例として、嘘をつかなければ自分の命が危うくなるような全体主義国家が登場しました。嘘をつかなければ人命を奪われかねない場合です。では、カントで有名になった先の例はどうでしょうか。自分の命ではなく友人の命とはいえ、嘘をつかなければ人命が奪われそうな場面です。それゆえ、この場合の行為も嘘をついたと呼び続けることに意味があるのかが問われてよい場面ではないでしょうか。現代哲学における行為論の祖として知られるエリザベス・アンスコム（一九一九～二〇〇一）はこう述べています。

嘘をついた者に関するカント自身の厳格な信念には非常に激しいものがあり、それゆえ彼には、嘘に対して単なる嘘以外の何かとして（たとえば、しかじかの状況での嘘、というように）有意味な記述を与えうるなどという考えは、決して浮かばなかったのである。[21]

ここで示唆されているのは、同じ嘘と言っても、その人がその嘘をつかざるをえなかった状況の違いを考慮する必要性です。計画的に自発的に嘘をついた場合や嘘を誘発されただけの場合とは、人命がかかっている状況は異なるのであり、この状況の特殊さを度外視して、「あなたは嘘をついた」と杓子定規《しゃくしじょうぎ》に言うのでは、実態を捉え損ねてしまうでしょう。

人命のかかっている状況を考慮すれば、この場合の嘘は非難されるものではない、と私たちの多くは思うでしょう。強制の度合いが限界まで高まっているのだから、普通の嘘と同じように扱うのはおかしいと私も思います。すると、カントに反して、状況次第ではついても許される嘘があると認めることになります。

けれどもここで注意して欲しいことがあります。自分や他人が殺されてしまうという状況で嘘を否応なしに言わされることは、例えば、善意の嘘とかホワイトライと言われるものとは全く異なるタイプの嘘だということです。相手を喜ばせようとか傷つけまいとして嘘をつくことはしばしば「善意の嘘」と呼ばれ、ついても許される嘘だと見なされることがあります。しかし、善意の嘘をつくとき、私たちは嘘をつかなければ人命が危うくなるような状況にはありません。また、友人を殺そうと追ってきた人物に対する嘘の場合、人命を救うための方法として嘘をつく以外の手段は——あなたが武装でもしていない限り——絶たれていますが、善意の嘘の場合、相手を喜ばせるとか傷つけないためには嘘をつくしか方法がないのか、立ち止まって考える余地があります。この点は第二章で考えます。

次章への移行といくつかの注意

そろそろ嘘をつくことはどうして悪いのかという問いに移る時が来たようです。ただ、その前に一つ注意と予告があります。先の事例におけるカントの見解は受け入れがたいと思ったとしても、この事例だけをもってカントによる嘘の哲学には聞くべき内容はないと決めつけないでください。そもそもこの事例に関してもカントは重要なことも言っています。

このような状況では嘘をついてもよいと考えるとき、私たちは当然のように、嘘をつけば友人を追ってきた人物は立ち去り、友人が家の奥で命を取り止めると想定しているようです。しかし、カントは、このようなシナリオ通りの結果になるとは限らないことを指摘しています。友人はあなたの知らない間に外に逃げ去っていたかもしれません。あるいは、友人はすでに家を後にしているのに、あなたが「Aはここにはいない」などと嘘をついたばっかりに、家から立ち去った当の人物と友人とが鉢合わせになって、凶行に及んでしまう可能性もあります。[22]加えて言えば、この人物もあなたの言うことをそのまま信じて、その場を去るほど単純な人間ではないかもしれません。嘘をついて友人を救えばよいと考えていた時、私たちは、友人も、その友人を追っている人物もこちらの想定通りに動く機械のような存在ではなく、自分で考えて自分で行為する存在だということを忘れていたのではないでしょうか。カントの結論に納得できなくても、その議論には重要な指摘もあることが分かるでしょう。

相手は自分の想定通りに動く存在ではなく一人の独立した人間である——この点は、ある行為は善いのか／悪いのかという問いに、それが結果として相手にどういう害や利益を生むと見込まれるかという観点以外の観点をもち込むものです。これから先、嘘をつくことはどう悪いのかを考えます。カントの観点は、嘘の悪さについての害説に対する尊重説と大きく重なるものであり、そこには重要な洞察が含まれています。では章を改めましょう。

第二章

嘘をつくことはどう悪いのか

第一章では、嘘《うそ》をつくとは何をすることかを考えました。嘘をつくことは、相手を騙《だま》そうと意図して、自分では真であると信じていないことをあたかも真であるかのように言うことだと、ひとまず言えました。もっとも、これだけでは嘘をつくことの演技性をはじめ、まだ十分な理解に到達したとは言えません。しかし次に、嘘をつくことがどうして悪いのかを考えましょう。そのなかで、嘘の理解に必要な補足が何かも明確になってくるはずです。

嘘をつくことは何をすることかという問いも、一見簡単に答えられそうですが、一度考え始めると難しい問題であることが第一章で明らかになりました。では、嘘をつくことは悪いという点についてはどうでしょうか。嘘をつくことは悪いということには明らかに合意があるのだから、どうして悪いのかをさらに問う必要などあるのかと思うかもしれません。そこでまず、なぜこのように問うのかを説明しておきましょう。

嘘と同じように、盗みが悪いということには誰もが同意するでしょう。しかし、例えば、貧困を極めて飢えている人が、スーパーマーケットでどのみち捨てられることになる売れ残りの惣菜《そうざい》を一回だけ盗んだとしましょう。この場合、この盗みによって損害を被る人はおらず、本人はこれによって命を救われたとしましょう。このように、一切の損害なしに人命が救われるような場合でも、盗みは盗み、やっぱり悪いと言う人がいるとすれば、盗みの悪さのどこにこだわっているのか聞きたくなります。あるいは、このような場合であれば盗みとはいえ、悪いとは言えないのであり、見つけても見逃してやるほうが人道にかなっていると考える人もいるでしょう。その場合、では、どういう場合には盗みは悪く、どういう場合には許容されると考えているのかを知りたくなります。こうした意見の対立は、盗みの悪さは相手に損害を与えるという観点からだけで説明し尽くされるわけではないことを浮き彫りにしています。

嘘をつくという場合でも、例えば、相手を傷つけないために嘘をつくことや、人助けのために嘘をつくという場合には、嘘は嘘でも許される、いや、嘘は嘘であり許されないといった意見の対立が生じえます。

例えば、Aには親友だと信頼しているBがいるとして、BはAからもらったプレゼントの帽子を内心ではダサいなあと思いながらも「これ、欲しかった」と言い、本当は全く使うことなくたんすにしまったきりだったとしましょう。後日Aが「あの帽子、被っている?」と聞くと、本当は全く被っていないにもかかわらず、Bは「うん、たまに」などと嘘をつきます。

あなたはこの二人の友人で、Bから、自分はAを喜ばすために、Aを傷つけないために、善意で嘘をついているのだと聞かされます。ここであなたは、Bは善意の嘘をついているのだから、どこにも悪いところはないと思えるでしょうか。Bが善意と呼ぶものは偽善だとか、Bを親友として信頼し続けているAが気の毒だと思い、Bは嘘をつくのを止めるべきだと思うかもしれません。すると、Bとあなたの間には、善意の嘘なのだから許される／善意だからといって許されるわけではない、という対立が生じています。嘘をつくことは悪いということには広く同意があっても、嘘をつくことはどう悪いのかを問うことはやはり大事であることが分かるのではないでしょうか。

以下では、倫理学のなかでも代表的な立場である悪の害説と尊重説を見ていきましょう。倫理学説にはこれ以外の立場のものももちろんありますが、この二つの立場についてだけでも考えるべきことがたくさんあります。本章ではこの二つの立場だけを扱います。[1]

1　相手に害を与えるとは――害説の見方

信じることに基づいて計画し行為する

私の目の前にはパソコンがあります。私は自分の目で直接このパソコンを見ており、自分で見たことを信じています。私たちは世界についてさまざまなことを信じています。

しかし、私たちが信じていることのなかで、このように自分で経験したことはごく一部にすぎません。口頭のコミュニケーション、教科書、書物、新聞、ウェブサイトなどを介して、他人が言ったことや書いたことを信じて私たちは生きています。海外旅行に行こうとすれば、旅行ガイドやインターネットの情報を信じて、計画を立て、準備し、現地に降り立つことになるでしょう。

私たちは他人の内面についても多くのことを信じています。あの人は悲しんでいるとか怒っているとか機嫌が悪いとかを、その表情のなかに見たり、口調や振る舞い方から推察したりすることもあるでしょう。しかし、それだけでなく、もっと複雑なこと、例えば、なぜ悲しんでいるのか、何に怒っているのかなどについては、その人自身が語ることを信じるほかないでしょう。あるいは、夏休みには一人で旅行に行こうと思っているとか、高校を卒業したら大学には行かずに就職するつもりだ、など、その人が自分の未来について何を考えているかは、その人が言っていることを信じるほかないでしょう。

私たちは、たいていの場合、世界や他人の内面について信じていることに基づいて行為しています。つまり、未来のことを期待したり、未来の計画を立てたり、特定の仕方で相手に接したりすることを実践しています。

偽なることを信じて行為した場合——金銭的・時間的な喪失の発生

それゆえ、信じていることが間違っていたとすれば、予想は外れ、計画は乱れ、不適切な行為をする羽目に陥ります。例えば、旅行ガイドが古過ぎれば、行き先の街並みも変化しており、電車やバスの支払いのやり方も変わっていて、念入りに練った計画も無駄になるでしょう。あるいは、自分が好意を寄せている人が、夏休みには一人で旅行に行こうと思っていると言っていたと別の友人から聞いた時に、どういうわけか、夏休みには誰かと旅行に行こうと思っていると聞き間違えてしまい、そうなんだと信じたとすれば、一体誰と行くのだろうとか散々気に病むかもしれません。

最新の旅行ガイドを手に入れてから振り返れば、古い旅行ガイドを見ていた時に信じていたことが偽であったために、余計にタクシーに乗る羽目になり、無駄な出費をしたし、計画が狂って行きたかったところにも行けなかったなど、さまざまに損をしたと思うでしょう。実際には言っていなかったことを信じていたと分かった時も、あんなにあれこれ考えて無駄なことをしたと思うでしょう。

嘘が悪いのは結果として害を生じさせるからだという発想

第一章で見たように、単に言っていることが偽であるというだけでは嘘をついたことにはなりません。嘘をつくことには、相手を騙そうとする意図や、自分が言っていることを自分では真だと信じていないことが必要でした。先の例の場合は、書かれたことや言われたことを信じていたものの、そう信じた内容は偽だったというだけでした。では、この旅行ガイドを書いた人がそれを読んだ人を騙そうと意図して嘘をついていたとか、好意を寄せている人が、誰かと旅行に行くつもりなどないのに聞き手にそう信じ込ませようとしていたとすればどうでしょうか。あるいは、「この靴は○○製です」と言っていた店員を思い出してもよいでしょう。これらの場合にも、情報が間違っていた場合と同じように、お金を無駄にする、未来の計画を狂わされる、時間をいたずらに消費するなど、聞き手側は結果的にさまざまな害を被りえます。

以上から、嘘をつくことが悪いのは相手に「害（Harm）」を与える結果になるからだ、という見方が生じえます。嘘をつかれた人はお金を無駄にしたり、時間を浪費したりします。こうした害を生じさせるがゆえに嘘をつくことは悪いというわけです。

心を傷つけられる① 人を信用できなくなる

嘘をつかれた人は、嘘をつかれた結果として、金銭的な不利益、未来についての正当な予期の混乱、時間の浪費などの害を被ることがあります。しかし、害はこれらでは尽きないでしょう。嘘をつかれた人は、心理的に傷つけられるという意味での害も被るように思われるからです。

公式の旅行ガイドが、単に情報が古くて内容が今では正しくないというのではなく、読者を意図的に騙して見知らぬ土地で道に迷わせていると分かったら、出版物に対する私たちの信頼は失われるでしょう。政府の発表、新聞、教科書、テレビのニュースでもかまいません。およそ正しい情報を提供するはずの作り手が嘘で塗り固めているとすれば、世の中がもはや信じられなくなってもおかしくありません。そして残念ながらそのようなことは現実にしばしば起こってきました。第一章では、自分が信じていないことをあたかも信じているかのように言うことを政府に強いられる全体主義国家が登場しました。このような国家において政府は国民に嘘をつき、新聞やメディアにも嘘が溢《あふ》れているでしょう。政府やメディアは世間一般に向けて語るものですが、逆に、最も身近な家族や恋人が嘘をついた場合も重大です。最も身近で最も信頼していた人でさえ自分に嘘をつくという現実に直面することは、人間一般への不信感を募らせえます。一体誰を信じればよいのか分からなくなるからです。

このように人を信じられなくなることは、お金や時間を失ったり、計画を変更せざるを得なくなったりすることとは性格が違うように思われます。失ったお金は後から戻ってくるかもしれません。道に迷って失った時間そのものは取り戻せなくても、新しいガイドを手に入れてから効率よく行動して、結果的には、当初予定していた場所を全て回れた、ということはありえます。しかし、人を信じられなくなることによって失われたものは、お金や時間のように数字で計算して取り戻すことのできるものではないでしょう。人を信用するという心の基本的なあり方が損なわれたのであり、心が傷つけられたと言うべきだと思われます。

心を傷つけられる② 人に侮られる

嘘をつくことで心が傷つけられる局面としては、侮られているというものもあるでしょう。嘘をつかれて偽物の商品を買ってしまった場合、その金額自体はたいしたことがなく、悔しいけどすぐに忘れてしまえるようなものかもしれません。あるいは、同情した誰かが代わりにその額のお金を恵んでくれて金銭的な不利益は結局なくなったという場合を考えることも可能です。しかしそうした場合でも、やはり嘘をつかれて騙されたことに心のわだかまりが残る可能性はあります。嘘をつかれると、私たちは、侮られていると感じて、悔しくなったり、悲しくなったりすることがあります。嘘をつくことは、人を信用できなくなるというだけでなく、人として侮られているという点でも心の傷をもたらすものです。

以上のように、嘘が結果的に生じさせる害は、金銭や時間の無駄だけでなく、心理的な傷も含むように思われます。ここで立ち止まって考えたいことがあります。たしかに、嘘をつかれた人は心理的なダメージを受けることがあるでしょう。しかし、この心の傷を、もっぱら嘘の結果として生じる害として把握できるのか、です。

2　心の傷を害として理解できるだろうか——尊重説への道標

騙されなくても心は傷つけられうる

まず、確認したいことは、嘘をついた結果として害が生じるという場合、お金や時間の損失は聞き手がこの嘘に騙されない限りは生じない、ということです。嘘を見破っていれば、無駄にお金を支払ったり、無闇に歩き回ったりする羽目には陥らなかったはずです。書かれたり言われたりしたことを真だと信じ込んだ場合に、偽の情報に基づいて行為し、損失を被るわけです。

これに対して、嘘をつかれた結果として心が傷つけられる場合、その傷は、騙されていなくても生じると思われます。例えば、身近な友人が私に繰り返し嘘をついたとしましょう。私は、一度は騙されましたが、二度目の時は友人の挙動などから察して騙されませんでした。さすがに三度嘘をつくことはないだろうと思って何も言いませんでしたが、その後友人はまた嘘をつきました。嘘をついていることは私には明らかで、騙されそうにありません。しかし、私はこの友人が何度も平気で私に嘘をついているというその事実に深く傷つけられえます。自分の存在が侮られていると感じるだけでなく、人は信用できないという思いを深めるかもしれません。

あるいは、政府が嘘をついた時にすっかり騙されてしまったとします。しかし、二度目は騙されませんでした。さすがに三度嘘をつくことはないだろうと思って油断していたら、その後政府はまた嘘をつきました。嘘をついていることは明らかで騙されたりはしません。しかし、このような場合、何度も平気で嘘をつく政府の下で暮らしているということに絶望的になるかもしれません。政府は国民を馬鹿にしていると怒りがこみ上げるだけでなく、政府を信じられないことから社会の何を信用してよいのか途方に暮れるかもしれません。

結果はともかく嘘をつくこと自体に含まれる問題——尊重の欠如

以上のように見てみると、嘘をつくことがどうして悪いのかという問いに、騙された結果として害が引き起こされるからだ、という答えを与えるだけでは、嘘の問題を汲《く》み尽くしたことにはならないことが分かります。なるほど、害説は、金銭や時間で計上できる不利益という意味での害を説明するのには適しています。嘘に騙され、真でないことを真だと思い込み、そのような思い込みに基づいてさらなる行為をする。その結果、お金を失ったり時間を無駄にしたりする――この種の結果論で嘘の悪さを説明できる部分もたしかにあります。

しかし、身近な友人や政府が嘘をつくことで、社会や人を信じられなくなったり人として侮られていると感じたりするために、その嘘に騙されている必要はありません。いやむしろ、騙されてなどいないからこそ、相手が嘘を重ねるその姿が浮き彫りになるでしょう。

逆に、嘘をつかれた側がすっかり騙されていて、まったく侮られているとも感じておらず、何の傷も生じていない場合はどうでしょう。ある人が「君のことが好きなんだ」と私に嘘をつきました。この人は嘘をつくことで人から何かを騙し取るつもりはなく、ただ純粋に、人が騙される姿を見るのが愉快でこの種の嘘をいろいろな人についているのです。その人の嘘はあまりにも巧みなので、私は嘘をつかれたことに、その時もその後も全く気がつきません。心の傷が生じていない以上、心の傷が結果として生じたことを持ち出して嘘をつくのは悪い、と論じることはできません。しかし、ここで注意して欲しいのは、この場合、だからといって、嘘をついたこの人が私を侮っていないことにはならないということです。いや、むしろ、ここまで巧みに嘘をつける人はきっと、人を人とも思わぬ態度でこれまでにも嘘をついてきたのだろうと考えるのが自然でしょう。

このように考察を進めてみると、嘘をつかれた側に結果として生じる害ばかりに悪の所在を求めるのではなく、嘘をついている側の行為や態度の側に悪さがあると考える余地があるように思われます。結果として害が生じようと生じまいと、嘘をつくことは悪いと言うべき何かが嘘には含まれているように思われるわけです。例えば、嘘をつくことには相手を侮ることが含まれるように思われます。ここで相手を侮ると表現したものは、他人に対して最低限示すべき尊重（リスペクト）を欠くというふうに表現されることがあります。嘘をつくことは、相手を人として尊重していないがために悪い、という考えがあり、この考えは害説に対して尊重説と呼ばれます。

害と尊重という二つの観点

尊重説については後で細かく検討しますが、目下のところは次のことを確認しておきましょう。害説は、嘘の悪さを、嘘をつくことが結果的に及ぼす害で説明しようとします。尊重説は、嘘の悪さを、嘘をつくことそのものに含まれる特徴である尊重の欠如に求めようとします。言語行為論の枠組みで言えば、尊重説は何かを言うことにおいて何かを行うという発語内行為の特徴に注目し、害説は何かを言った結果として生じる発語媒介行為の展開に注目します。また、嘘をつくという行為には騙そうとする意図があります。尊重説はある意図を

	悪の在りか
害説	あることを言ったことによる結果
尊重説	あることを言うことにおいて遂行される行為

もって行為することに悪さが含まれていると考え、意図が実現するか否かという帰結には関与しません。聞き手が騙されず実害が生じていなくても、嘘をつくことにはすでに悪さがあるのです。

害と尊重という二つの観点は、嘘の悪さを考えるにはその意図から結果まで広く考慮すべきことを教えてくれます。しかし、害説と尊重説はすっかり共存できるわけでもなく、実質的に対立することもあります。害説によれば、嘘をつくことが悪いのは結果として害を生じさせるためである以上、仮に、嘘によって害ではなく利益が生じるような場合があれば、その嘘は悪くないと認められることになります。善意の嘘と呼ばれるものはその候補です。他方、尊重説では、結果にかかわらず、嘘をつくことに悪さが含まれるわけですから、嘘によって相手が喜ぶ結果になったとしても、やはり問題は残ると考えます。

3 嘘をつくことは自分も苦しめる——害説の別の局面を探る

自分自身を苦しめる① 嘘だったと言えない

ここで尊重説の考え方に話を移すこともできそうですが、結果として生じる害という観点から見えてくる、嘘のもう一つ別の局面にも目を向けたいと思います。

嘘の害が問題になる時にはたいてい嘘をつかれた側の害ばかりが注目されます。これに対して、哲学者のシセラ・ボクは、「どのようなうそも、常にうそをついた者に被害を与えるということはないが、その大部分にはそのような害をおよぼす危険性がひそんでいるものである」[2]と述べています。この問題提起を受けてここで考えたいのは、嘘をつくことは、嘘をつかれた側だけでなく嘘をついた本人にも苦しみを生じさせうるという局面です。

第一章で嘘と皮肉や冗談とを対比した時に、嘘をついた場合には、嘘をついたという自分の行為に言及できないことを指摘しました。皮肉や冗談を言う時には、相手が言っていることを本気にした場合などに、「皮肉で言っているんですよ」とか「冗談、冗談だって」などと自分が何をしようとしているのかを明示することができます。皮肉や冗談が成功するためには、皮肉や冗談のつもりで言っているということを話し手と聞き手が共有している必要があり、共有できていなければ共有するためにはっきりと、自分が何を行なっているつもりなのかを言ってよいわけです。

他方、嘘をついている場合には、自分は嘘をついていると分かっている一方で、相手には自分が嘘をついていると知られてはなりません。話し手は、あくまで通常の言明をしているかのように、自分の信じていることをそのまま言っているのだと相手に思わせておかなくてはならないのです。ということは、嘘の場合、自分が何をやっているかについて相手に話すことはできません。

家族や恋人に嘘をついた後、深く後悔していても、嘘だったと打ち明けることは困難です。ある人と会っていたら楽しくなって、その時の流れでつい長引いてしまい、恋人との待ち合わせをすっぽかしてしまったとしましょう。恋人に本当のことは言えず、アルバイトが長引いたなどと嘘をつく誘惑は強いでしょう。そして、結局、そのように嘘をつくとします。その後、すっかり疑う様子もない相手の顔を見るたびに、隠しごとをしていることに耐えられなくなるかもしれません。しかし、実はあれは嘘だったんだと言いたくなっても言えません。そんなことをすれば、大切な関係が壊れてしまうかもしれないからです。嘘をつくことは、後になってそのことを率直に話したくても、なかなかできず、言葉を飲み込むしかないという苦しみを生じさせえます。

自分自身を苦しめる② 嘘を重ねざるをえなくなる

以上のように、一度嘘をつくと、嘘をついた本人は、そのことについて隠し立てなく話したくても話せなくなる苦しみを被ることがあります。ところで、ボクは、嘘をつくことが自分自身に害を与える危険性について、ある才人の言葉として「うそをつくのはやさしいが、一度だけ言うのはむずかしい」[3]というものを挙げています。多くの場合、一度嘘をつくと嘘を重ねるしかなくなります。このこともまた嘘をついた本人を苦しめるのです。

一度、アルバイトが長引いたと嘘をついたならば、アルバイトが長引いたという嘘の内容を前提として、その後の会話を続けなければなりません。あるいは、その内容と不整合のないように話さなければなりませんが、嘘の内容と整合的に話すためにはさらに嘘をつく必要に迫られます。例えば、「なんで今日はアルバイトが長引いたの」などと問われた時には、アルバイトが長引いたという嘘の内容を前提として、「急に忙しくなって、残業を頼まれた」などと言うことになるでしょう。もちろん、これも嘘です。さらに、「大変だったね、この曜日はいつも忙しいの？」などと問われたら、「いつもということもないけど、割と忙しいかな」などと、嘘の内容と整合するように話を続けることを迫られるでしょう。さらに問われるなら、辻褄《つじつま》を合わせるのが難しくなり、嘘の系列は破綻する可能性が高まるでしょう。しかし、今さら全部嘘だったと告白するわけにもいきません。このようにして、嘘を言う前に戻りたくても戻れなくなることがあります。

誘発と強要のグラデーション再考――自発性の程度を考慮する

第一章で自分に嘘をつくと言えるかを考察した際、他人や社会によって誘発された嘘と強要された嘘のグラデーションに触れました。今検討している例では、待ち合わせをすっぽかした人は、相手に嫌われたくないがために嘘をつく誘惑に屈しました。相手にどう思われるかを気にするあまり、嘘をつくに至っているという点では、本当は自分もCが好きなのに友人Bに嫌われたくなくて、「Cなんて好きじゃない」と嘘をついたAに似ています。とはいえ、Aの場合には、自分のミスを取り繕うという事情が見当たらないという重要な違いがあります。このように、誘発された嘘の間にも、自発性に関してグラデーションを認めることができます。

自分の都合が悪くなると嘘をつく誘惑にかられるというのは典型的な嘘の発生場面です。友達と遊んでいて遅くなり、親にどうしてこんなに遅くなったのかを聞かれた時には、部活が長引いたなどと嘘をつく誘惑にかられるでしょう。友達のレポートを写して提出したところ、先生に内容が酷似していると指摘されカンニングを疑われると、その友達と一緒に勉強したからたまたま似てしまったのかもしれない、などと嘘をつく誘惑にかられます。

これらの場合、親や先生など、他人にどう思われるかを勘案し、本当のことが知られたら、怒られたり、単位を失ったり、罪に問われたりしうることに怯《おび》え、嘘をついてしまうわけです。自分で悪いことをしていると自覚があるのに、自分の都合が悪くなったから取り繕うために、言い換えれば、保身のために嘘をつく、というこの種の嘘は、私たちの多くにとって最も馴染《なじ》みのあるものでしょう。

確認すると、「Cなんて好きじゃない」と言ったAは、自分がやった何か悪いことを取り繕うためではなく、相手がどう思うかを考慮して嘘を誘発されていました。友人間とは言え、Bのほうが強い発言力をもち、Aはいつも聞き手に回っているような関係があり、この状況ゆえに、AはBに嫌われるのが怖くて嘘をついたわけです。それゆえ、Aは、相対的に言えば強制度が高く自発性の低い嘘をついているように思われますが、しかしこの場合も、嘘を

嘘の自発性と強制性のグラデーション

嘘の動機			
利益のために	不都合を取り繕うために	相手（や社会）に合わせるために	言わないと罰せられるために

自発的 ⟷ 強制的

Bに強制されたとまでは言えないでしょう。仮にBがAとCの関係を疑い、「Cなんて好きじゃない」とAからCに言うように迫り、そうしないとみんなで無視するなどと言った場合には、嘘を強制されていると言えるでしょう。

都合の悪い状況を取り繕うための嘘の場合も、自発性の度合いは状況次第で変わりえます。「部活が長引いた」と嘘をついた時にどこかで親に申し訳ないと感じるような場合であれば、本人も自発的に嘘をついたと認識しているでしょう。しかし、ちょっと遅くなるだけでも親が怒り狂うという家庭であれば、嘘をつく以外にこの家ではやっていけないというのが子どもの心境かもしれません。このように、嘘の自発性の程度は状況や動機によって変わってきます。

嘘から見える社会変革の必要性

嘘のグラデーションの一方の極に、計画性をもって赤の他人を騙して利益を得ようと嘘をつく人物を置き、次に、不都合を取り繕うためにつく嘘を置くと、他方の極には、何もしていないのに言いたくもない嘘を強要される場合を置くことができそうです。「嘘をつく」と一口に言われる行為であっても、一方の極においては嘘をついている人の犯罪性までもが疑われますが、他方の極においてはむしろ嘘を強要している社会の仕組みに問題があるという大きな違いがあります。

『力なきものの力』の店主が、単にみんながやっているからという理由で国家を賛美することを言っているとしたら、単に迎合しているだけで嘘を強要されたとまでは言えませんが、国家を賛美しなければ生きることも危うくなる状況であれば、嘘を強要されていると言うべきでしょう。このように強要されている場合でも、嘘をついている以上は、自分は嘘をついているのだとは決して言えず、また、実に良い国家だという嘘の内容に基づいてその先の話も続けなくてはならず、嘘を重ねる苦しみを味わうでしょう。ただし、この苦しみを生んだのは自分ではなく国家です。全体主義国家が言論を統制している状況であれば、嘘の源泉は国家であり、そのような国家は変革されねばならないと思われるでしょう。あるいは国家レベルの話にまでならなくても、例えば、先のBが、Cに向かって「Cなんて好きじゃない」と嘘をつくようにAに強要しているなら、問題なのは嘘をついたA以上に嘘を強要したBの振る舞いでしょう。

グラデーションの両極の中間にはさまざまな嘘があります。BがAに嘘をつくように迫っていなくても、Bが自分の話ばかりするのではなく、もう少しAの話も聞くようになれば、Aばかりが嘘を誘発されることはないかもしれません。あるいは、捕まるとか罰せられるとかいうところまではいかなくても、同調圧力が高い社会では、みんなが言っているから、自分だけ変だと思われたくないからという理由で、本当は思っていないことを自分もそう信じているかのように言うことが誘発されがちです。誰もが白々しく嘘をつくことを強制されている社会を変えるには、国家の仕組みを変えるだけでなく、あるいはそのためにも、社会の人々が単に周りに同調し合うのではなく、お互いにおかしいことはおかしいと自由に話せる状況が必要でしょう。この国家の変化と社会の人々の変化が完全に切り離せるものではないことは、全体主義国家の店主が国家と社会の人々の両方からのプレッシャーによって嘘をつくように追い込まれていることからも分かるでしょう。

このように、嘘をつくことは自分を苦しめるという側面を考えていくと、嘘の問題は、嘘をついている当人だけではなく、嘘を誘発したり強要したりする他者、社会、国家のあり方にも関わっていることが分かると思います。嘘をつくことが悪いとしても、その際に、変わるべきなのは嘘をついている当人だとは限らず、社会のほうに問題の根を見つけることもできるのです。嘘の自発性と強制性のグラデーションにおいて、強制の度合いが強くなるほど社会のほうの変化が求められると言えるでしょう。

小さなウソでも気づけば大きなウソに――嘘から問う社会のあり方

先に、嘘の害については、嘘をつかれた側だけでなく嘘をついている側の苦しさを考えることの重要性を指摘しました。この側面を考えることが重要であるのは、社会状況ゆえにつきたくもない嘘をつかされている人がいること、それでも嘘をついている以上、その人は、嘘だったとも言えないし、嘘に嘘を重ねるしかなくなり、苦しまざるをえないという事情に目を向けさせるからです。

ここで、トランスジェンダー当事者の遠藤まめた氏の著作『みんな自分らしくいるためのはじめてのLGBT』の中から、「小さなウソでも気づけば大きなウソに」という見出しのついた箇所を取り上げたいと思います。

そこでは架空の人物として高校三年で吹奏楽部副部長の男子生徒ハルキが登場します。ハルキが好きになるのはスポーツの得意な男の子ですが、このことは誰にも打ち明けていません。休み時間や放課後に好きなタイプは誰かが話題になるたびに、ハルキは適当な女性アイドルの名前を挙げてごまかしてきました。最近では部内にハルキのことが気になる女子がいるということで、冷やかされたり、二人だけのシチュエーションを作ろうと友人が気を回したりします。ハルキは自分は本当はひとりぼっちで、本当の自分は誰も知らないのだと思い、部活から足が遠ざかりそうになっています。このような状況において、他の生徒たちは、恋愛は異性とするものだということをすっかり前提して、どんなタイプが好きなのかを楽しそうに話し合っているのです。

こんなとき同性が好きな人たちの多くは、とっさに誤魔化したり、小さなウソをついたりすることになります。「どんな異性がタイプなの?」と尋ねられ、とっさに口から適当なアイドルの名前をだしてしまえば、話のつじつまを合わせるために、そのアイドルの出ているドラマをチェックするはめになるかもしれません。小さなウソが、別の小さなウソを呼んできて、気がつけば大きなウソに育っていきます。[4]

遠藤氏は、このようにして嘘が積み重なっていくと罪悪感やプレッシャーが膨らみ、自分のことが嫌いになってしまうこともあると指摘し、このピンチをどう乗り越えるかを読者とともに考えていきます。その内容についてはぜひ本を読んで欲しいのですが、ここでは次の指摘を確認しておきたいと思います。

> 現状では、同性を好きになる人に対して、日常的にからかったり笑いのネタにしたりするコミュニケーションがまだまだ多くみられます。友達を信用したいのに、不安になるだけの材料もそろっています。だからこそハルキのように悩む人たちがたくさんいます。〔中略〕「好きな人はいるの?」と聞かれて、好きでもない芸能人の名前をあげるしかなかったとしても、どうかそのことで自分を責めないでほしいなと思います。[5]

本書の考察に基づいてこの箇所を解釈するならこうなるでしょう。嘘をつくことは、嘘だったと言えなくなることや嘘を重ねるしかなくなることで本人を苦しめます。しかし、そもそも嘘をつかざるをえなくなった状況には自発性と強制性のグラデーションがあります。ハルキの場合、本当のことを言ったなら周りからからかわれたり、笑いのネタにされたりする危険が高く、このまま高校生活を続けていくためには、苦しみながらも嘘をつくしかない状況に追い込まれています。このような状況において、自分の利益のための嘘や自分の過ちをごまかすための嘘をつくことと同じように、嘘をついた本人に問題の根を求めることはできません。むしろ、恋愛は異性間でするものだと生徒たちが思い込んでいることや、逆に、同性間での恋愛については笑いのネタにしたりするコミュニケーションの様式が定着していることに問題があるでしょう。もっとも、これらの思い込みやこの種のコミュニケーションはこの高校の生徒たちだけのものではなく、生徒たちも広くこの社会のなかでそれらを身につけてきたのでしょう。その意味では、さまざまな性のあり方に対して無知な社会にも変化が必要なはずです。

実際、遠藤氏は、多様な性のあり方について講演活動をしたり、ここで取り上げたような本を書いたり、学校以外にもＬＧＢＴの子どもや若者が安心して集まれる「にじーず」という居場所作りをするなど、幅広く活動しています。本節では、嘘の害について、嘘をつかれた側の不利益だけでなく、嘘をついた本人の心を苦しめるという側面に着目しました。そこから分かってきたのは、嘘の苦しみは個人の心の問題にとどまることなく、社会が変化する必要性をも示すということであり、個人的なことは社会的でもありうるということでした。

4 善意の嘘——必要ないかもしれない

争点としての善意の嘘

尊重説と害説を対比して、後者の害説が優れているとされる場合、善意の嘘がしばしば引き合いに出されます。善意の嘘とは、相手を喜ばせるとか失礼のないようにするといった、それ自体は善意と言えるような動機に基づいた嘘のことです。例えば、おじいさんから誕生日プレゼントとして鞄《かばん》をもらったものの、正直好みではなく使うことはないだろうと思っている状況で、「ありがとう、こういうのが欲しかったんだ」と言ったりする場合です。

害説に基づけば、こうした嘘は、相手に害を生じさせない以上、悪くないと言えます。それどころか相手を喜ばす結果になるのであれば、問題ないと考えるのは当然であるように思われます。他方、尊重説においては、結果として相手が傷つくか喜ぶかには関係なく、嘘をつくということ自体に悪さが含まれるので、善意の嘘だからといって直ちに問題なしというふうにはなりません。しかし、このように言うことはいかにも厳しすぎるので、善意の嘘の扱いを見れば、害説の利点は明白であるように思われるわけです。

ただしここで、立ち止まって考えてみなくてはなりません。何より、先に見たように、言語行為は発語行為―発語内行為―発語媒介行為という幅をもった行為ですから、聞き手に何が結果として生じるかだけでなく、話し手が何かを言うことで意図的に行為しているそのこと自体にも問題がないかを考える必要もあります。この点は嘘の場合でも同様です。

もっとも、善意の嘘でも、嘘である限りは相手に対する尊重を欠いているのだ、という議論はなかなか理解が困難なものだと思います。善意の嘘は許されるという見方が私たちの社会には常識のように広まっているからです。そこで、尊重説にたどり着くまでの準備作業として、善意の嘘をつくという行為を簡単に分析してみようと思います。とりわけ、善意に含まれる「意図」とは何かを明確にしなくてはなりません。意図の概念を吟味すれば、善意の嘘と呼ばれるものなら何の問題もない、とは言えないことが明らかになるはずです（尊重説による説明は次節まで持ち越します）。

行為と複数の意図――善意／悪意は騙す意図の有／無には重ならない

まず、大切な区別に注意を促したいと思います。善意と悪意は、騙す意図の有無には重ならないという点です。プレゼントをくれた相手に嘘をつく時に善意とされているのは、相手を喜ばそうとする意図のことでしょう。しかし、この場合に、相手を騙す意図がないということにはなりません。自分が嬉《うれ》しいと信じていると相手が信じることを意図して、善意の嘘は言われています。喜ばそうとする意図と騙そうとする意図は両立しており、善意があれば騙す意図がないということではないのです。

ある行為をする時に複数の意図があるのは普通のことです。例えば、駅に向かって自転車に乗っているとしましょう。その時には前に進むことが意図されているでしょう。ペダルを踏むことも意図されているはずです。意図しているとははっきりとそうしようと決意したということではありません。自転車に乗っている時、あなた今、ペダルを踏んでいましたよね、と問われるとしましょう。はい、としか答えようがありません。いや、そんなつもりはなかったとは言えないはずです。この限りで、ペダルを踏むことを意図したと言えるとすれば、前に進むことも意図したと言えます。あるいは、目的地に向かうことも意図しているでしょう。いや、前に進むつもりはなかったとか、目的地に向かうつもりはなかった、とは言えない限りで、これらに意図性を認めるのは自然です。

善意と騙す意図の目的手段連関

私たちは複数の意図をもって行為しますが、これらの意図はランダムに併存しているのではなく、一定の秩序をもって関連しています。第一章の終盤に登場したアンスコムは、複数の行為の意図が目的と手段の関係にあることを指摘しています[6]。例えば、自転車に乗っている時の「駅に向かっている」という意図と「前に進む」という意図とのあいだには、目的と手段の連関があります。つまり、駅に向かうという目的に対して前に進むことが手段になっています。あるいは、前に進もうとする意図とペダルを踏もうとする意図とのあいだにも連関が見出せます。この場合には、ペダルを踏むことが前に進むための方法になっています。そして、全体として見れば、「前に進む」ことや「ペダルを踏む」ことは、「駅に向かう」という最終的な目的の手段の連なりとなっているのです。

　こうした目的手段の連関は、手段が欠ければ目的も達成されないことや、連関を逆向きに配置することはできないことによって特徴づけられます。例えば、足がつるなどのアクシデントにより、ペダルを踏むことができなくなったり、道路の封鎖などにより、前進することができなくなったりすれば駅に向かうこともできないでしょう。また、目的と手段を逆にして、ペダルを踏むという目的のために駅に向かうことを手段とする、と言うことはできません。そう言うとすれば、例えば、駅で特殊なペダルを踏むという行事が開催されており、そのペダルを踏むために駅に向かっているといった全く別の行為になってしまいます。

さて、嘘をつくことにも複数の意図がありえます。「この靴は○○製です」と嘘をついた店員には、客を騙すという意図だけでなく、その商品を売るという意図もあったでしょう。なぜそんな嘘をついたのかと聞かれて、いや、たしかに嘘はついたけど、別にその靴を売ろうというつもりはなかった、と言われれば、また嘘をついて、と思うでしょう。この際、二つの意図には目的手段の連関が認められます。その靴を売るという目的に対して、その靴を○○製だと信じ込ませ、客を騙すことが手段になっています。

善意の嘘をつく場合に戻りましょう。相手を喜ばそうとか失礼のないようにする意図と、相手を騙す意図にも目的手段の連関が認められます。そのプレゼントを欲しいと私が本当に思っていたと相手が信じ込む限りで、相手を喜ばすという目的は達せられます。ここで、おじいさんが「この鞄には特別な縁があって、私が若い時に……」という話を始め、「でもなんであなたもこの鞄が欲しかったの、それは偶然だねえ」という話で終わらずに、「でもなんであなたもこの鞄を欲しいと思ったの」と聞いてきたとしたら、どうでしょう。「いや、実はその……」などと嘘に嘘を重ねているうちに、嘘だとばれてしまったら、相手を喜ばすという目的は達成されず、むしろ、嘘をついていたことで相手を悲しませることになるはずです。

また、騙す意図と相手を喜ばす意図を逆転させることもできません。相手を騙すという目的のために相手を喜ばすとなると、例えば、親身に身の上話を聞いて相手を喜ばせた後に高級品と称した偽物の飾りを売りつける詐欺師のような行為になり、善意の嘘とは全く逆に、相当に悪意ある嘘になってしまいます。

嘘をつくことは善意の目的のための唯一あるいは最良の手段か

このように一つの行為には複数の意図が関わり、それらの意図には目的手段の連関が認められます。このことからさらに分かるのは、目的となる意図を達成するための手段は一つではないということです。駅に向かうための手段としては自転車のペダルを踏んで前進する以外にも、徒歩で行くとかバスに乗るとか別の手段があります。

プレゼントをくれたおじいさんに「これ欲しかったんだ」と善意の嘘をつく場合、なぜそのような嘘をついたのかと聞けば、おじいさんを喜ばせるためだったという答えが返ってくるでしょう。しかし、ここで問われねばならないのは、おじいさんを喜ばせる目的のための手段は嘘をつくこと以外ないのか、です。ボクは「一般に無害と認められているうそでも、まったく正しい手段でその目的が達せられるなら、それは必要ではないのである」[7]と述べています。相手を喜ばせるとか失礼のないようにするという目的には、嘘をついて相手を騙す以外のもっと良い手段があるかもしれないし、そうだとすれば、ボクの言うように、嘘をつく必要性はなくなるはずです。

一般に、ある目的に対しては複数の手段があります。相手を喜ばすという目的の場合も同様でしょうから、嘘をつくことがおじいさんを喜ばすための唯一の手段だということはないでしょう。また、他に手段がある以上、嘘をつくことがそれ以外の手段よりもより良い手段と言えるのかを考える必要もあります。では、嘘をつく以外にどういうやり方がありうるのか。少し後でこの問いに立ち戻りますので、一度考えてみてください。

目的によって手段を正当化することの問題

それ自体としては良い目的のために手段として嘘をつくことの問題を考えるために、少し角度を変えて、現実に問題になった事例を取り上げたいと思います。

二〇一八年に東京医科大学が入試の合否判定に際して、得点を操作して女性の合格者数を抑えていたことが発覚しました。受験生が男性である場合には加点し、女性である場合には加点せずに合否判定するといったような措置が行われていたのです。その点数が本当の得点ではないことを信じて、あたかもそれが真であるかのように点数を書き込んだ（入力した）ということだとすると、本書の嘘の理解L（四〇ページ）の範囲内に収まると見てよいでしょう。

この一件は、本来、公平であるべき入試において性別を理由に女性だけに不利益を与えるものである以上、性差別として問題になりました。[8] しかし、この措置に対して、遺憾ながら仕方がないことだという理解を示す人も少なくなかったのです。その理由としては、女性は年齢を重ねると結婚、出産などで長時間の勤務ができない、医師としての稼働が低下するといった点が挙げられました。医療現場を回していくためには、受験生の得点操作も仕方がないという考えが見られたわけです。

たしかに医療現場を回すことは大事であり、この点には誰も異論はないでしょう。しかしここで考えなくてはならないのは、目的が良ければその手段は何でも認められるのか、ということです。東京医科大学に対しては、元受験生数十名が損害賠償を求める訴訟を起こしましたが、原告側の弁護士である角田由紀子氏は「正すべきは、若い女性が働き続けることができない医療現場の悪しき労働環境であり、女子学生の入学抑制［をすること］でないことは、明らか」と主張しました。たしかに、医療現場を回すことが目的なのであれば、当の現場の労働環境の改善がストレートな手段としてまず議論されるべきでしょう。この目的のための手段は、唯一、大学入試の時点での得点操作しかないと言うとすれば、考えが硬直しており、視野があまりにも狭められていると感じるでしょう。実際、このような言い分は認められず、東京医科大学は謝罪や追加合格の措置に追われることになりました。

この場合、得点操作の目的は医療現場の仕事を回すことであり、受験生を喜ばすことではありません。そのため、おじいさんに対する嘘の例とは違い、正確には善意の嘘ではありません。しかし、共通しているのは、自分が良いと信じる目的によって嘘という手段を正当化していることです。善意の目的があるなら手段として嘘をついてもよい、と単純に言えるわけではないことが分かります。

善意の嘘でも問題なしとは思えない局面

では、善意の嘘でも問題なしとは思えない局面について考察してみましょう。そのために、今度は立場を変えて、善意の嘘をつく側ではなく、つかれる側に回ってみましょう。

あなたはおじいさんの誕生日に、一生懸命調べて自分で選んだ着物をプレゼントしました。

おじいさんは、内心、着物のことを分かってないなあ、こんなの着られないと思いつつも、「こういうのが欲しかったんだ」と言うとします。あなたは喜んで、「よかった、よく選んだ甲斐《かい》があったよ」と答えます。次におじいさんに会った時、あなたが「あの着物、どう、着ている？」と聞くと、おじいさんは、本当はたんすの奥にしまったままなのに、「うん、たまにね」と答えます。あなたが「へー、どういう時に」と聞くと、「お友達とご飯食べる時とか」などと曖昧に答えます。どこかであなたは嘘を見破り、どうして嘘なんかついたのか、と聞くと、おじいさんはこう答えます。あなたを喜ばそうとして、あなたに失礼のないように嘘をついただけで、善意の目的のためだから何の問題もないでしょう、と。

このような答えには当惑するのではないでしょうか。あるいは、こんなに嘘をつかれて喜ぶわけがないとか、嘘を重ねることが相手に失礼なく接することになるなんてどうして言えるのだろう、と疑問に感じるかもしれません。そうだとすると、自分が善意の嘘だとして嘘をついている場合についても、嘘をつかれている側の立場で考える必要があるでしょう。

実際、嘘をついているおじいさんの側に立っても、全ては善意の嘘なのだから問題ないと本当に思い切ることができるかは分かりません。「お友達とご飯を食べる時に」などと言っているあたりから、嘘に嘘を重ねる苦しさが大きくなってくるかもしれません。軽率に嘘をついたことを後悔した後、最終的に耐えられなくなり、おじいさんは「ごめん、本当はしまったままで、一度も着ていないんだ」と言うかもしれません。

すると、嘘をつかれる側だけでなく嘘をつく側にあっても、最初から嘘なんてつかない方がよいと感じる部分があるということでしょう。こう感じるということは、結局、そのような嘘をつくことが相手を喜ばせたり相手に配慮したりすることだとは思えない面があるということでしょう。

別のやり方をする創意工夫——慣例化した嘘とその社会的背景

では、プレゼントをくれた相手に対する善意の目的のためには、嘘をつくこと以外のどういう手段があるのでしょうか。先にこの問いを一度考えてみるようにお願いしました。たしかに、目的のための手段がたった一つしかないはずがありません。しかし、別の手段を探してみるとなかなか思いつかないと感じた人は少なくないと思います。

その理由を探るために、ここで、ある目的に対して特定の手段を取ることがどれくらい慣例化しているかを考えるのは有益です。医療現場を回すという目的のためには得点を操作するしかない、と広く思われている状況では、あまりにも得点操作が慣例化しており、もはや他の手段があることに考えが及ばなかったり、あるいは考えに及んでも周囲と議論しづらいほどになったりしていたかもしれません。他方で、駅に行くという目的のための手段が自転車で行く以外には全く思いつかないということはありそうにありません。バスの利用や徒歩などを含め、駅に向かうあり方は現に多様であり、駅に行くためには自転車で行くという特定のあり方が慣例として社会に定着しているわけではないからです。プレゼントが気に入らなかった時に、相手に失礼のないようにするには嘘をつくしかないと私たちのほとんどが思う状況があるとすれば、プレゼント贈呈時のコミュニケーションが私たちのなかで固定化しており、別のやり方もあることにみんなして考えが及ばなくなっている可能性があります。

しかし、例えば、嘘をつくことはやめて、「どうもありがとう」と感謝の言葉だけを丁寧に述べるとか、「わざわざ自分のために選んでくれて嬉しい」などと言うことができます。プレゼントの内容に関する感想を述べるのは避けて、ただプレゼントをくれたという事実に焦点をあてるのです。感謝したり別の角度から喜びを伝えたりすることは、相手を喜ばすとか相手に失礼のないようにするという目的のための別の手段だと言えるはずです。

ただし、「ありがとう」とだけ述べて感想は全くなしとなると、そのこと自体が無言のメッセージとなって、相手は「あれ、プレゼントは気に入らなかったのかな」と不安になる可能性はあります。というのも、そもそも「こういうのが欲しかった」と言ったり、あるいは、手作りしてくれた料理が本当はまずいと思っていても「美味《おい》しい」と言ったり、つまり善意の嘘をつくのは、プレゼントをくれたり料理を作ってくれた人は、そのプレゼントや料理を相手がどう思っているかも気にしていることを私たちが分かっているからだからです。それゆえ、無言でいれば、相手が落ち着かない顔つきをしていたり、「あ、気に入らなかった……」と不安そうに聞いてきたりするかもしれません。そうすると、はぐらかしたり、曖昧な反応を示したり、あるいは、結局、思ってもいないことを言う羽目に陥ると思われます。

先に、医療現場を回すという目的を得点操作ではない別の手段で果たそうとする時、労働環境の改善を話し合うという建設的な道が開かれていくのを見ました。プレゼント贈呈の場合も、プレゼントを贈るという行為を根本から問うことで突破口を開けるかもしれません。

善意の嘘の例として出されるプレゼント贈呈の場面は、一方が密かにプレゼントを用意し、他方が包みを開けて驚き、喜びの声を挙げ、プレゼントを贈った側もその反応を見てまた喜ぶ、というものです。この贈呈のイメージを現実にすることが目的化している以上は、実際にどう思っていても嘘をつくことが慣例となり、それ以外の方途を見いだすことは難しいでしょう。しかし、プレゼントをくれた相手を喜ばすことが目的であるのならば、例えば、誕生日の前に一緒にプレゼントを選びに行くという可能性もあります。好みの服装のことなどを話しながら、自分がこれだと思う鞄をおじいさんにプレゼントしてもらうとか、あるいは逆に、着物について教えてもらいつつ、おじいさんがこれだと思う着物を選んでプレゼントするとかしてもよいでしょう。より深いコミュニケーションにつながるかもしれません。もっとも、そのような提案に対しては、相手に知られないように一人でプレゼントを選んだり作ったりすることに意義があるのであり、一緒に選ぶというのではダメだと思う人もいるでしょう。そのような場合には、そもそもプレゼントを贈ることの意義は何か、相手を本当に大切にするあり方とはどういうものかなどを話し合ってみるのはどうでしょうか。以上のように、嘘をつく以外の手段を考え始めてみると、より深いコミュニケーションの可能性が次々に拓《ひら》けていくのが分かると思います。

医療現場の仕事を回すための手段には得点操作しかないと考えるのが短絡的であるのと同様に、相手を喜ばすという目的の手段には嘘をつくことしかないと考えるのも結論を急ぎすぎています。プレゼントの場合にも、嘘をつくこと以外のコミュニケーションの別のあり方を考えることはできるし、別のあり方を考えることはそれ自体、家族や友人の間の大事なコミュニケーションになりえます。医療現場の場合にも、女性の医療従事者が長く経験を生かして働ける場所作りについて話し合うことは大事なことです。こうした大切なコミュニケーションは時間のかかるものであり、面倒に感じるかもしれません。逆に言えば、善意の嘘で切り抜ける慣例は、お互いに話し合うという真正なコミュニケーションを避けるという損失につながっています。

「自分の人生もウソのように感じた」——嘘から問う社会のもう一つのあり方

善意の嘘には慣例化という面があることが見えてきました。善意の嘘だから問題ないという話で終わるべきでなく、嘘をつく以外の可能性を問うたり、相手を大切にするとはどういうことかをきちんと話し合ったりするべき場面もあります。このことが大事であるのは、慣例は社会の常識を背景としており、しかもその常識を問うことが必要なこともあるからです。次に、嘘をつくことが平常化している社会のあり方を変化させる必要性が実際に議論されている例を取り上げましょう。

ある新聞記事に、四〇代会社員の石塚幸子氏の「親のウソの上で生きてきた自分の人生もウソのように感じた」という言葉が紹介されていました。[9] 石塚氏は、父親以外の男性の精子を用いた人工授精（第三者から精子提供を受ける非配偶者間人工授精：ＡＩＤ）によって生まれた方です。ＡＩＤは不妊治療の一環として七五年以上前から行われ、ＡＩＤで生まれた子どもは二万人超いるとされているそうです。従来、精子の提供者は匿名とし、子どもにはＡＩＤで生まれたという事実は伝えないことが慣例になってきました。石塚氏は二三歳の時に父親とは血がつながっておらず、精子の提供者が誰かも分からない、と言われ、何が本当で何を信じてよいのか分からなくなったと述べています。

本書のＬからすると、出生に関する事実を親が子に隠すことは、それ自体では、厳密には嘘ではありません。しかし、子どもが、育ての父親が生まれの父親でもあると信じて、その前提で親子の会話を続けている限り、親側は、この前提と辻褄を合わせるために、どこかで嘘をつく必要が出てくるかもしれません。例えば、子どもと親については、目の当たりはお母さん似、口元はお父さん似だねといったふうに、子どもの身体的特徴がどちらの親に由来するかということがよく話題になります。子どもが、家に帰ってくると、「近所の人に口元はお父さんに似ているって言われた」とか、あるいは「友達にお父さんに似ていないって言われた」と切り出したとしましょう。この時、親には何らかの嘘をつく必要が出てくるでしょう[10]。

自分の生まれについての事実は、それに基づいて自分の人生を理解するものである以上、この事実について間違いがあれば、人生の理解も狂わされるでしょう。例えば、あなたが信じている誕生年月日に実は間違いがあったとすれば、あなたが信じている自分の年齢も本当は違う可能性があります。単に間違いがあっただけでなく、親が、毎年祝ってくれた誕生日が実は本当の誕生日ではないことを隠しており、誕生に関するあなたの質問に常に嘘で返していたと知ったとしたら、石塚氏のように「自分の人生もウソのように」感じるかもしれません。[11]

もっとも、親が子どもの出生について嘘をつくのには理由があるでしょう。そのなかには、本当のことを知らない方が子どもの幸せのためになるからというものが含まれます。精子提供者のある人は「子は育ての親を実の両親と信じきって生涯を終わるのが幸せ」だと信じていたと述べています。[12]先の記事では、同様の理由が、「子どもを傷つけないために秘密にしておいた方がいい」と表現されています。

相手を傷つけないためにつく嘘は「善意の嘘」と呼ばれており、しばしば問題のない嘘だとされています。しかし、本章のこれまでの議論からすると、子どもを幸せにするとか傷つけないようにするという目的のための唯一で最良の手段が嘘をつくことだと結論することはできません。善意の嘘をつく時、目的にとって本当に良い手段は何かを問うていないことがしばしばです。

石塚氏は、親には、嘘を重ねる代わりに、子どもにできるだけ早く本当のことを伝え、その親子関係のなかで育てて欲しいと述べています。子ども自身の立場から、出生の事実に関して子どもの幸せのために親が取りうる嘘以外の別の手段を提案しているのです。一方で、成人した後になって、幼少期からずっと信じていた親子関係がそうではないと発覚すると、言葉で告げられた親子関係と実際に暮らしてきた親子関係が一致しない時間がすでにかなり——子ども時代まるごと——経過しています。それゆえ、子どもの人生理解は大きく狂わされえます。他方、早い時期に伝えられたその親子関係のなかで実際に育てられれば、子どもは、うちはそういう親子関係なんだと理解して、言葉と現実が一致した状態で成長しえます。つまり、子どもの人生理解を軌道に乗せる可能性があります。以上から、話の内容が分かるくらいの年齢になったタイミングで本当のことを話すこともまた子どものためを思う一つの行動だと言えるでしょう。

子どもの幸せを思うための手段は、事実を隠したり嘘をついたりするだけではないにもかかわらず、「子どもを傷つけないために秘密にしておいた方がいい」と精子提供者や親が確信するという状況があるのであれば、そこには何らかの背景があるはずです。一般に、ある目的のための手段が一つしかないかのように人々の考えが固定している場合、その背景には凝り固まった慣習や常識があることを先に指摘しました。出生に関する嘘の場合にも、子どもは本当のことを知らないほうが良い、その方が子どものためだという理解の背景には、育ての親と生みの親が違うことを本人や周囲が知ることは本人にとって不利益をもたらすという考えがあるでしょう。別の角度から言えば、この社会では育ての親と生みの親が同一であることを普通だと見なす常識があり、そうでない場合には社会的に浮いてしまうリスクが高まるという現状があるということです。先に、遠藤氏の著作に登場する高校生ハルキの苦しみは、性についての凝り固まった社会の見方を変える必要性を教えてくれました。石塚氏たちの訴えは、家族のあり方もまた多様であり、一つのあり方だけを普通としてそれ以外のあり方を隠すべきものとするような社会を問うべきことを教えているように思われます。

5　相手に対する尊重を欠くとは――尊重説の見方

嘘をつくことに現れるものとしての尊重の欠如

先に見たように、嘘をつかれることによって相手に侮られたり、人を信用できなくなったりして、心を傷つけられることがあります。しかし、このような傷を、嘘の結果として生じる害として理解し切れるのかは、問われるべき問題でした。例えば、何度も嘘をつかれてもはや全く騙されていない場合、騙されることによって生じうる実害は何もなくても、相手が繰り返し嘘をつくその姿に自分を侮っていることははっきりと現れているでしょう。あるいは、「君のことが好きなんだ」という嘘を聞き手がすっかり信じ込んでおり、結果的に心の傷は生じておらず、その限り、害は生じていないとしても、巧みに嘘をついている話し手はやはりこの聞き手を侮っているように思われます。

ある行為に何らかの悪い態度が現れている（表現されている）ことは、その行為から何らかの悪い結果が生じることと同型ではありません。この点を、言葉を用いた行為の例で理解するには、悪口のことを考えるのが有益です。悪口は面と向かって言われることもありますが、本人の陰で言われることが多いものです。この際、悪口の対象となっている人は、結局この悪口を聞くことはなく、結果的な害は被っていないということがありえます。しかし、だからと言って、悪口を言っている人が、「どうせ、本人は聞いていないんだから」と言って、全く悪びれる様子もなく悪口を言い続けているとしたらどうでしょうか。結果はともかく、悪口を言うという行為自体に問題があると思えないでしょうか。そのような行為には、相手を侮っていることや相手を人と思わないような態度が現れており、その悪さは本人に実害が生じなくてもなかったことにはならない、と。

嘘をつくことについてもこれに似た考えを取ることが可能です。嘘をつくことはどうして悪いのかという問いに対して、結果的に害を生じさせるからだとする害説に対して、嘘をつくことは相手に対する尊重を欠いているからだとする尊重説です。

リスペクトの概念——尊敬と尊重

尊重は英語で言えばリスペクト（respect）です。嘘をつく人は、相手へのリスペクトを欠いているのであり、嘘をつくという行為にはこのリスペクトの欠如が現れているというのです。

では、リスペクトとは何のことでしょうか。日常的に、リスペクトは、例えば、熱意をもって労力を惜しまずに会社を良くしようとしている同僚に対して、「あの人はリスペクトできる」などと言う仕方で使われます。あるいは、楽器の優れた腕前の人とか、誰にでも分け隔てなく親切に振る舞う人なども、リスペクトの対象になるでしょう。こうした場合、リスペクトの対象は、性格、能力、姿勢などが優れているという高い評価を受けています。あの人は憧れの対象だとか、あの人には自分は及ばないと言ったりするでしょう。こうした評価としてのリスペクトに対する日本語としては「尊敬」が適しています。この場合、相手を尊敬することは自分よりも上の存在として相手を扱うことになります。逆に、他人に尊敬されたいと思う人は、他人よりも自分が上の存在であることを望んでいます。そうだとすると、リスペクトの概念は対等な関係性とは相容れないように見えます。

しかし、リスペクトは「尊敬」ではなく「尊重」と訳すこともできます。嘘をつくことには尊重の欠如が現れているという場合のリスペクトの用法は、「尊敬」とは異なることに注意が必要です。相手を尊重するという場合のリスペクトは、むしろ、相手を上に見るのでも下に見るのでもなく、自分と等しく相手も一人の人であることに関わっています。尊重するために必要なのは相手を何らかの点で評価することではなく、相手が一人の人であることを認めることだけです。その人がどういう能力や素質をもっているかにかかわらず、その人が事物でも動物でもなく一人の人であるという事実が、その人を尊重すべき対象とするのです。それゆえ、この意味でのリスペクトは、倫理学者のスティーブン・ダーウォルにならって「評価としてのリスペクト」から区別される「認知としてのリスペクト」と呼ぶことができます。[13]

相手を一人の人として尊重するということは、相手を上に見るのでも下に見るのでもなく、積極的に言えば、相手を自分と対等な存在として扱うということです。逆に、尊重が欠如しているとは、相手を自分と対等な人として扱っていないことを示しています。尊重説によれば、相手を自分と対等な人として扱うことが道徳的な関係の基礎であり、尊重の欠如はこの基礎の破損を意味します。

対等な人として扱うこととしての尊重

相手を一人の人として尊重するということは、相手を自分と対等な存在として扱うことだと言い換えられました。では、相手を自分と対等な人として扱うとは、具体的にはどういうことでしょうか。まず注意が必要なのは、「みんな同じ人間だ」として自分と相手を同質的に見ることではない、ということです。むしろ、私も一人の人であり相手も一人の人であって、お互いに対等であるという関係は、それぞれが別の固有な存在であることを前提にしており、独立した存在の間にのみ成り立つものです。

相手を対等な存在として扱うということは、相手に固有な利害関心を、自分やそれ以外の人と同等の重みをもつものとして考慮することを意味します。利害関心という言葉はここでは広い意味で使われています。金銭的な利害関心ももちろん含みますが、それだけではなく、その人に固有な願望や希望も含みます。私たちはさまざまな願望をもって未来を構想したり、その未来を実現するために行為したりします。また、自分の力ではどうにもならないことでも、想像したり祈ったりしたりするなどして希望をもつことができます。あるいは、したいことだけでなく、されたくないこともあります。騙されたくないとかお金や時間を無駄にしたくないといった願望もあるでしょう。発言を無視されたくないとか、侮辱されたくないとかもあるでしょう。自分がこうした希望や願望をもち、そうした希望や願望に沿って行為したり、苦しんだり傷ついたりする存在であるのと同じように、他人も同様に、人という存在である――このことを認めることが、その人を尊重することになります。相手を「人」として見るということは、相手を奥行きのある心をもった存在として見ることだと言ってもよいでしょう。

以上を踏まえて言えば、他人が自分と対等な人であるとは、他人の利害関心は自分の利害関心と同等の価値があるということです。同等の価値をもった利害関心をもった存在として他人を扱うことが、相手を尊重するということです。逆に、尊重の欠如とは、他人の願望や行為を自分の願望や行為よりも価値がないものとして蔑《ないがし》ろにすることです。

さて、ここで嘘の話に戻りましょう。尊重説に従えば、嘘をつくとき、話し手は聞き手に対する尊重を欠いています。偽物の靴を売りつけるために嘘をつく店員は、客の側の利害関心、例えば、お金を無駄にしたくないとか騙されたくないという願望などには全く興味をもっていないでしょう。あるいは、怒られたくないために嘘をつく子どもには、きちんと正直に話して欲しいといった大人の側の願望は頭に入っていないように思われます。あるいは、立場を失いたくないために嘘をつく政治家は、きちんと話し合ってほしいという住民の願いなどどうでもよいと言わんばかりです。

もし店員が、客の側も騙されてお金を無駄になんてしたくないだろうな、と思うとすれば、利害関心の重み付けがより均等になり、さっきよりは嘘をつくことにためらいが生じるでしょう。怒られたくない一心の子どもが、本当のことを言って欲しいという大人側の願いに耳を傾けたなら、嘘が口をついて出てくるという状態には待ったがかかるでしょう。政治家が住民にも住民の願いがあるという思いにかられたなら、保身のために嘘をついている自分に歯止めをかけることができるかもしれません。

このように、自分の利害関心と相手の利害関心を同等の価値をもつものとして考慮することが、相手を対等な人として扱うことの実質であり、そのように相手を扱う場合に、相手を一人の人として尊重していると言えます。そのような場合、私たちは嘘をつくことを悪いことだと認識し、嘘をつくことが難しくなります。このようなことは、自分自身を振り返ってみればきっと思い当たることでしょう。他方、嘘をつくことには、相手の利害関心を軽視し、相手を対等な人として尊重し損ねることが現れています。

善意の嘘は尊重を欠くとどうして言えるのか

以上のように、尊重説は尊重の欠如という点から嘘の悪さを理解することを可能にします。なかでも尊重説の利点として強調したいのは、善意の嘘の問題点を説明できることです。

先に見たように、善意の嘘であっても、不都合を取り繕う嘘などと同様に、一度嘘をつけば嘘を重ねるしかなくなり、辻褄合わせにエネルギーを浪費することに変わりはありません。

結局、耐えかねたおじいさんが、「ごめん、本当はしまったままで、一度も着ていないんだ」と言うなら、あなたはきっと、最初から嘘なんて言わなければいいのにと思うでしょう。あるいは、自分が善意の嘘をついた側であっても、どこかで「おじいさん、ごめん、本当はなんでこの鞄を選んでくれたのか、聞きたかったよ」と後悔するかもしれません。こうした場合、なぜ相手に謝りたくなっているのでしょうか。

おじいさんもあなたも、さまざまな願望をもち、自分なりの人生を生きている一人の人間です。その着物を選んだのにはあなたなりの理由があり、その鞄を選んだのにはおじいさんなりの理由があります。たしかに、相手がわーいとその場で喜ぶ表情を見ることも願望の一つだったかもしれません。しかし、プレゼントを贈ることに関連する願望はそれだけでなく、当然のことながら、相手が実際にその着物を着ることやその鞄を使うことが含まれているはずです。また、プレゼントをあげることは、誰にでもすることではなく、多くの場合、親しい特別な関係にある限りで行われることです（あるいは、普段は話をすることもないクラスメートや同僚にプレゼントを贈るとすれば、それは特別な関係を求めていることを示唆するでしょう）。その限り、自分で注文した品物とは異なり、プレゼントは、単に使用されるだけでなく、それをめぐって贈った者と贈られた者がコミュニケーションするための媒体でもあります。それゆえ、プレゼントを贈った側の願望には、事後的な感想などを相手から聞きたいというものも時として含まれます。

善意の嘘をついた後、それでコミュニケーションが終了するのではなく、後日、「どう、あれ使っている？」と聞かれて「うん、たまに」とさらに嘘を重ねた場合、相手を傷つけないための嘘なのだとしてもすんなりと問題なしとは言いがたい気持ちになるかもしれません。最初に「こういうのが欲しかったんだ」と嘘をついた時、相手の願望として考慮されていたのは喜びの表情を見ることでした。しかし、相手に悪いと思い始めている今では、相手は贈ったものを実際に使って欲しいという願望を抱いていることも考慮されているでしょう。さらには、嘘をついて欲しくないとか、隠し立てのない会話がしたいといった願望をもっているかもしれないことが視野に入りつつあるかもしれません。

このような時、奥行きをもった心をもつ一人の人として相手を見ることができているでしょう。相手の利害関心を一つに切り詰めずに、さまざまな利害関心をもつ一人の人として尊重する時、嘘を言うために開く口は重くなります。すると逆に、嘘をつくことは相手に対する尊重を欠いているという原則は、善意の嘘にもあてはまりうるということでしょう。

話し合いの道を拓く——尊重の行方

善意の嘘を控えてみると、自由に語り合い、相手の考えや思いを聞いたりする話し合いの機会が拓かれてきます。振り返ってみれば、おじいさんに善意の嘘をつく孫も、孫に善意の嘘をつくおじいさんも、どうせ年寄りには最近の鞄のことなど分かりはしないとか、どうせ若者に着物のことなど分かりはしないと決めつけ、相手を下に見ていた部分があったのではないでしょうか。他方、一緒にプレゼントを選びにいく時には、あるいは、プレゼントを贈ることの意義について語り合う時には、相手の願望、好み、知識などについて聞くことになるでしょうし、自分の思っていることを相手に伝える機会もあるでしょう。

また、出生の事実について子どもは何も知らないまま生涯を終えるのが幸せだという想定から嘘をつくことの問題として、その子どもが成長すれば、自分なりの希望や未来の計画をもった一人の人になるという事実と対立するという点を挙げられるように思われます。先に、親が本当のことを話す「タイミング」として子どもが話の内容が分かるようになった頃が挙がりました。この年頃はちょうど、幼かった子どもが経験と知識をそれなりにもち、親とは別の固有な存在として見えてくる頃に重なるでしょう。尊重説の考えからすると、自分自身の生まれについて真実を知りたいとか親とは偽りのない会話をしたいという利害関心はごく一般的なものであり、親が子どもの側のこれらの利害関心を相応の重みにおいて考慮したならば、子どもは一生何も知らないのがよいという考えは絶対なのか、迷いが生じるのは自然なことです。この場合、子どものためには嘘をついても隠し通すのが最善なのだという考えに対して、事実を隠すことや嘘をつくことが本当に子どもを尊重していることになるのか、という考えが頭をもたげてきて、話し合いへの回路が拓けてくる可能性があります。

他方で、十分に成長していない子どもに対して一人の大人と同じように何でも話すのが良いわけではないということも尊重説に基づいて言えます。子どもがまだ幼く、出生の事実についで話してもポイントを理解できないことが明白である状況では、親がその事実を子どもの前で非常に正確に言葉にしたとしても、一方的に言葉が並べられたに過ぎず、真の話し合いが行われたとは言えないでしょう。大人は子どもが幼すぎることを認識し、然るべき時まで話すのを待つことが必要です。相手を一人の人として見ることには、大人をいつまでも子ども扱いしないのと同時に、子どもを無理に大人扱いしないことも含まれるのです。

ここで、第一章で取り上げたサンタクロースの話を思い出しておきましょう。サンタクロースが存在するかのように子どもと話すのは、本当のことを言うまでの猶予付きのファンタジーに戯れることであり、子どもが本当のことを知りたがった時には本当のことを言うということがこの遊戯の眼目であり、その時、子どもはそれまでとは違う存在として現れているのでした。善意の嘘にも似たことが言えるでしょう。子どもが絵を描いて見せてくれた時、ほとんどの大人は「上手だね」などと、本当は上手だと思っていなくてもそう言うでしょう。しかし、子どもが大きくなって成人に近くなってもずっと、勉強、芸術、楽器、スポーツなど何であれ、子どもがやっていることに対して、ただ、相手が喜ぶようにと「上手だね」と言い続けて、一向に、率直な感想や助言を述べようとしないとしたら、どうでしょうか。ファンタジーの猶予はもう切れているのに、いつまでも子ども扱いしているという印象を与えるのではないでしょうか。尊重説に沿って言えば、このような場合、十分に成長した子どもを一人の人としていまだに見ることができておらず、尊重が欠如しているということになるでしょう。

自己満足の問題

善意でやっていることでも相手への尊重を欠いていることがある——このような結論には驚いたかもしれません。しかし、善意を買いかぶりすぎているかもしれません。相手のためだと称する行為が実際には、相手を自分より下に置いたり、従属させたり、自己満足のために利用したりするものであることは珍しくありません。

例えば、お年寄りに親切にしようとして、席をゆずろうとしたら、断られて、せっかく善意で言ったのに何なんだ、と思うとしましょう。しかし、この人は、健康維持のために電車では立つことにしているとか、単に調子が良いから立ちたかったのか、実際に体力が有り余っているのか、とにかくその人なりの考えや願望があって立っているのです。この人は、席を譲られたら喜んでありがとうと言うという、こちらのシナリオ通りに動くロボットではありません。

善意と呼ばれるものが、本当は自己中心的であることは少なくありません。この本性が現れるのは、予定通りに相手が喜ぶのではなく、相手がその人なりの考えや願望に基づいて、想定とは異なる行為をした時です。相手が率直な思いを表した時に、「なんだよ、せっかくやってあげているのに」と思うとすれば、善意と言っても、本当のところは、自己満足の手段として相手を利用する意志が介在しているようです。尊重説に沿って言えば、相手の願望や考えを自分の利害関心と同等の重みをもつものとして扱い損ねており、結局は相手に対する尊重が欠如していると言えます。

プレゼントをあげたおじいさんが想定通り喜ぶのではなく、この着物はこれこれの理由であまりよいものじゃないと率直に説明したとします。おじいさんは、着物のことをあなたに本当に伝えたいと望んでいるのです。なるほど、せっかく選んだ着物が気に入ってもらえなかったことに悲しみや悔しさを感じることはもっともなことです。しかし、その感情の表出が、せっかくあげたのに何なのさと怒り出すことなら、席をゆずろうとして断られて怒る人と同じでしょう。

尊重説の考えでは、自分に親しい相手でも、自分が好意を寄せる相手でも、その相手は自分とは異なる別の一人の人であり、その限り、自分の思い通りにはならない存在であることを、どこかで受け入れる必要が私たちにはあります。意中の人に恋人になって欲しいと思いを告白したところ、断られた時にも悲しさや悔しさがこみ上げるでしょう。しかしその時、相手に怒り出す人と、これからも友達でいようと言葉を振り絞って提案する人のどちらが、本当に相手のことを思い、また、自分の感情を大切にしているでしょうか。おじいさんに対して、じゃあ今度は一緒に買いに行こうと言葉を発して提案することも、相手の考えや願望を尊重した別種の応答であり、自己中心的な反応とは異なる態度を示しているでしょう。

善意の嘘しかないと思える限界事例——死を前にした人に対する嘘

善意の嘘と言えば、何でもよしというわけでないことはこれまでに明らかになりました。しかし、相手を思いやるために善意の嘘をつくことが最良の手段なのではないか、と言いたくなる場面もたしかにあります。私の授業では多くの学生が、余命わずかだと判明している人が自分の病状について聞いてきた時に、家族が「大丈夫、まだ治る見込みはある」と嘘をつくような場面を挙げました。

ではなぜこのような場面では善意の嘘が最良の手段のように思われるのでしょうか。まず、確認すべきことがあります。プレゼントをもらった時に「欲しかったんだ」と嘘をつく場合など、これまで扱ってきた善意の嘘の場面では、嘘をついて会話を終わらせる以外に、相手に質問したりテーマについて話し合ったり、さまざまなコミュニケーションを続ける可能性があったということです。しかし、死を前にした人の場合、もうこれ以上じっくりと会話をする機会がほとんど残されておらず、もしかするとこれで最後の会話になるかもしれない、という特殊な状況があります。その意味で、このケースは限界事例であり、それゆえ、今後も会話をして人間関係が続いていくことが前提されている場面とは異なるのです。

さて、家族が「大丈夫、まだ治る見込みがある」と嘘をつくことが本当に最良の手段だと納得しているのであれば、これが最後の会話になったとしても、後々まで苦い思いが残ったり、やっぱり本当のことを言うべきだったのではないかと迷いが生じたりすることはないはずです。しかし、そのようにさっぱりとして何の心残りもない、というふうには現実にはなっていません。会話の場面でも相手が亡くなった後でも、さまざまな葛藤があります。

それはなぜでしょうか。まず、本人が、偽りの情報を告げられるのではなく、自分の病気や余命について本当のことを知りたいと望んでいる可能性があるからでしょう。人生の最後という重要な事柄について周りの人たちは知っているのに、本人だけを知らないままにするというので本当によいのか——これは難しい問題です。

尊重説に基づけば、相手の利害関心を一つに決めつけるならば相手を尊重していることにはなりません。それゆえ、嘘をつくことが本当に相手を思いやる最良の手段だったのだろうか、という迷いが生じることは、相手を一人の人として尊重している限り、自然なことです。もっとも、通常なら、相手と会話することでこの問いに対する答えを得ることができるかもしれません。しかし、最後の会話を終えて相手がすでにこの世を去った状況では、嘘をついた側が問いを自分で抱え込むしかありません。重苦しい心残りはこういう状況で生じている面があるのではないでしょうか。

問いはさらに続きます。人生の最後に近づいても自分は偽りの情報ではなく本当のことを知りたい、と本人が日頃から表明していたとしましょう。そしてその人が、余命わずかになった時、長い間会っていないかつての親友は元気にやっているか、聞くとします。実のところ、その親友は不幸な事件に巻き込まれ、誰が聞いても聞くに耐えないような、不遇な人生を送っているとします。その時、本当のことを言うべきでしょうか。相手が本当のことを知りたいと望んでいることが分かっているなら、そうすべきだという考えはたしかにありえます。尊重説に従えば、本人が表明しているこの利害関心を無視するわけにはいかないでしょう。他方で、本人が本当のことを知りたいのだとしても、知ってしまうことで耐え難い苦痛を被ることは明らかです。このような場合、本当のことを言うことで相手に苦しみを与えるくらいなら、もう最後くらい、嘘をついてもそれは仕方がない、という思いが生じてもおかしくないでしょう。そして、この時には、害説に近い立場で物を考えているでしょう。

迷いと心残りの基底としての害と尊重

死を前にした人に対する嘘をどう考えるかという問題は、医者の立場、患者の立場、さらには看護師や家族の立場などが関係し、また、病気の種類を十分に考慮する必要があるなど、非常に複雑です[14]。それゆえ、死を目前にした人に対しては善意の嘘が最良の手段だと結論することも、逆に、本人が本当のことを聞くことを望んでいる以上は本当のことを言うべきだと一般的に言うこともできません。また、この場面は、相手との会話の可能性がもはや絶たれているという、コミュニケーションの限界事例です。この事例において嘘が認められることがあったとしても、だからといって、コミュニケーションが今後も可能な場合の善意の嘘一般までもが問題なしとなるわけではありません。

逆に言うと、この限界事例について、その他の善意の嘘のケースと同じように、尊重説に基づいた一般的見解を当てはめることはできないはずです。そうすればこの事例の特殊な状況を無視することになります。では害説できっぱり物事を解決できるかと言えば、やはりそうではないでしょう。本人が本当のことを知りたいと望んでいることを重視するのか、相手が耐え難い苦痛を感じると予測されることを重視するのか――。予測は外れるかもしれないし、最後の最後に本人の希望を無視することには相応の辛さが残るでしょう。

第一章では、自白の強要や全体主義国家において人命がかかっている状況での嘘のような限界事例を持ち出して、嘘一般における騙す意図の必要性を判定するような議論の仕方を批判しました。嘘をつくことはどう悪いのかという問いにおいても、限界事例の特別な状況はその特別さ――そのシリアスさや難しさ――こそを大切に守るべきであると思います。

注意して欲しいことですが、このように言うことは、害説や尊重説による考察の限界を指摘するものではありません。なぜ死を前にした人に対する嘘は許されると思いやすいのか。他方で現実には特有な迷いや心残りが生じるのはなぜなのか。このように思ったり迷ったりすることの背景には、相手の願望を一つに決めつけるべきでないとか、結果として生じる苦しみを考えれば常に本人の希望に従うべきだとは言えない、とかいった考えが認められます。つまり、私たちがこのような思いや迷いをもつ時にこそ、尊重説と害説のどこを受け入れているのかが明確になるのです。

本書の見方では、尊重説と害説とは相反する主張というより、私たちが嘘をつくことの何に悪さを感じているのかを解き明かしてくれる二つの見方です。死を目前に控えた人に対する嘘という限界事例は、害と尊重という着想がともに私たちの物の捉え方の根本に同居しており、どちらか一方の立場から何が本当に良かったのかを決することはできないというジレンマこそが真の現実であることを物語っているように思われます。

6　現実に閉じこもらない――理想を語る哲学

対等性の理念としての友人関係

家族、友人、恋人のような親しい関係であれば、思ってもいないことを言い合い、本心を隠しあうよりも、オープンに話せる関係である方が望ましいし、そのための創意工夫が必要であるように思われます。余命がわずかだという状況は未来が絶たれている点で限界事例と見なされるものですが、他方では、会話を続けることができる日常の貴重さを教えてくれるものでもあります。隠し立てせずに話し合える関係がどれだけ大切か、失われた後に後悔する前に、今一度肝に銘じようという気持ちになります。

しかし、そもそも家族、友人、恋人は、赤の他人や単なる知人とは異なる点で特筆される特別な関係です。その他大勢の他人から区別されるからこそ、特別な存在なわけです。

また、友人の特別さには、他の人には言えないことをこの人には言えるということが含まれています。本当の友人と呼ぶべき人は、それ以外の人には話せないようなことも隠し立てなく話したり、大事なことを質問したりできる相手であり、だからこそ、逆に、真剣に話しているときに適当に聞き流したり、あるいは秘密を言いふらしたり、嘘をついたりするならば、そんな不誠実な人間は友人ではないと考えるのが自然に思われるくらいなのです。

さらに、友人関係は対等であることが求められる点でも特徴的です。例えば、親と子ども、先生と生徒、上司と部下には、物事を決める権限などに関して、前者の方が後者よりも力をもっており、そこにはある種の上下関係があります。しかし、そうした両者が、それぞれの社会的役割や上下関係にとらわれないフラットな付き合いをしていると、「友達みたいだ」と言われます。この「友達みたい」という表現には、対等性が友人関係のメルクマールだという理解が含まれています。逆に、あなたが友人と思っている相手があなたに対して偉そうに振る舞ったり、あるいは対照的に、あまりにもへりくだった態度を取ったりするとすればどうでしょうか。「友達なのに、偉そうにして何だ」とか「友達なんだからそんなに下手に出るのはやめようよ」と思うとすれば、それは友人関係とは対等なものだという理解が背後にあるということでしょう。

本心から話すことができることと、お互いに対等であることは友人関係の理念です[15]。このようにいうことは現実の友人関係は常に対等であり、何でも話せる仲だということではありません。むしろ、現実には偉そうにされたり下手に出てしまったりすることがあり、嘘をつかれたり、聞いて欲しい話をきちんと聞いてもらえないこともあるでしょう。問題は、そういう時に、私たちは友人関係に何を切望しているのか、です。現実がそうでなくても人が求めてやまないのが理念です。

ところで、目下の議論では、恋人や家族も含め、この理念の点から友人関係を捉えています。家族の場合、親と子の間には、とりわけ子どもがまだ幼い時には明確に上下関係がありますが、子どもが成長するにつれ、お互いに大人同士になり、友人関係に近づくことがあります。例えば、実家を離れて一人暮らしをし始めた人は、親によく電話をかけて、日々の事柄について相談したり、悩みを聞いてもらったりすることがあります。この場合には、他人には言えないことを語ることのできる友人に近い存在として親を見ているでしょう。また、祖父母と孫の場合、おじいさんやおばあさんは、親のように厳しくしつけをしたり、将来のことを考えて子どもの生活のルールを決めたりする存在である以上に、孫にとっては一緒に遊んだり、お出かけをしたりする存在であり、その限り、友人に近いと言えるでしょう。それ以外にも、誰が将来の友人になるかは分からないように、どんな他人も対等で本心から語り合える相手になる可能性はあります。

ほとんどの他人は友人ではない

現実の生活において、ほとんどの他人は友人のような特別な存在ではありません。それゆえ、単なる近所の人、学校の単なるクラスメート、会社の単なる同僚などには、嘘のない関係を築くことや対等であることがそれほど厳密に求められているようには思えないでしょう。こうした相手に対しては、会話をそつなくやり過ごすための嘘をついても別によいと多くの人が思うでしょう。

たしかに、私たちの多くがそのようにして過ごしています。そもそも誰とでも友人になるということは定義上不可能です。誰かと友人であるということは、その人がその他の人とは違う特別な存在であるという区別を眼目としており、その限り、分け隔てなく誰もが友人だとすることはできません。

この現実は何を示しているのでしょうか。それは、私たちは自分以外の人たちをたいていは、固有な利害関心をもった一人の人として見るというより、会社の同僚、クラスメート、近所の人、店員、通行人など、社会的な役割や地位の点でしか見ていないということです。私たちは、同僚と、近所の人と、クラスメートとそつなく会話するために、こう言えば相手が喜ぶだろうと予想されるようなことを言いながら、相当な時間を過ごしているでしょう。

相手が社会的な役割や地位の点で見られる限り、たいてい、相手は対等な存在ではありません。会社の同僚は業績などでランクづけられており、クラスメートも成績や人気によってランクづけられています。優秀な業績の同僚や人気者のクラスメートを「尊敬」している場合でも、相手に対する「尊重」は欠くということがありえます。優秀な同僚に思ってもいないお世辞を言ったり、人気者のクラスメートを喜ばせようと嘘を言ったりする時、その背景にある動機は、この同僚とうまくやっておけば良い仕事がもらえるかもしれないとか、このクラスメートに気に入られたら学校生活がもっとうまくいくかもしれない、といったものかもしれません。このように、相手を上に見ているという場合でも、その相手に嘘をつく時には、この相手を自分の利益のために利用していることがあります。つまり、ここでは対等性が欠けており、実のところ、相手の利害関心よりも自分の利害関心を重いものとして扱っているわけです。このようなことは現実の日常のかなりの部分に及んでいるでしょう。

理念を用いて世界を別の仕方で見る——数学と道徳の交差点

以上のように見てみると、対等性は友人のような特別な関係では求められても、これをそれ以外の人々の全てに求めようとするのは「理想」に過ぎないと思われるのではないでしょうか。そして、それは全くその通りなのです。

本章では広い意味で友人的なコミュニケーションを詳しく見ることで、対等な人間同士の間に成り立ちうる、表面的ではない、深いコミュニケーションのあり方を描いてきました。このようなコミュニケーションがあらゆる人間関係で起こっているというのは「現実」ではありません。その意味では私は本章で「理想」を語ってきたということができます。

しかし、ここで立ち止まって考えて欲しいのは、理想を語るとは何をすることなのか、です。「理想に過ぎない」という言い方がされる時、理想を語ることは非現実的な絵空事を空疎に語ることだと見なされ、無益な行為だと見なされているようです。しかし、そのような見方は、理想を語る方法を見誤り、狭い現実に私たちを閉じ込める点で有害なものです。理想を語ることが大事なのは、まさに——非現実のどこかではなく——この現実の世界を通常とは異なる仕方でじっくりと見ることのできる私たちの能力を衰退させないためです。

話を明確にするためには、意外に思われるかもしれませんが、数学のことを考えてみるのが有益です。私たちは普段、数学的に世界を見てはいません。部屋を見回すと、机、ベッド、パソコンなど、なじみの対象が見えるでしょう。では、ここで、自分の部屋に何本の線があるか、何個の円があるかを数えて見てください。次に、平行線が何本あるかを数えて見てください。このようにして見ると、世界がいかに数学的にできているかが分かるのではないでしょうか。これは現実を離れた空想の世界を見ることではありません。目の前の現実の世界を見ていることに変わりはありません。しかし、通常とは別の仕方で、数学的に理想化された仕方で世界を見たのです。線や円といった概念を私たちは学校でいつか習って使用可能な状態にあります、しかし、いつも使用しているわけではありません。

完全な円は「理念」です。理念であるということは、現実には存在しないということを含みます。現実にペンで書いた円、印刷された円、パソコンの画面上の円は、どこかで角張っており、完全な円にはなかなかなりません。完全な円は数学的に世界を見るための理念であり、それを使用すると現実には円ではないものが円として見えてくるわけです。理念の光の下で世界を見るためには、理念通りに現実がある必要はありません。

例えば、数学の試験問題を解く場合、メモ用紙に厳密に完全な円を書こうと試みたものの、どこかで角張るので何度も書き直している間に、試験時間が終わってしまった、というようなことになる必要はないのです。必要なのは、四角や他の図形と区別できる程度に、まずまず円らしいものを描くことだけであり、十分近似してさえいれば、それを円と見なして問題は解けるはずです。

理念を使用して世界を別の仕方で見るということは数学だけに起こることではないでしょう。第一章で皮肉を扱った時に言及した言語哲学者のグライスは「必然的真理」のような哲学的概念も完全な円と同じような一種の理念だと見なしています。[16] つまり、哲学的に世界を見ることも理念を使用する能力を行使することで可能になるという見方があります。もっとも「必然的真理」のような概念は、円のような数学的概念に比べると、日本の教育現場では学ぶ機会が少ないでしょう。これに比べれば、対等性や友人という概念は生活のなかで習得され、利用可能になっているのではないでしょうか。

　理想を語るということは、理念を使用して世界を見る能力を行使するということです。人間関係の話に限って言えば、普段、漫然と世界を見ている時、私たちは対等性の理念を使用して世界を見ているのではなく、それゆえ、周囲の人たちを一人の人としてことさらに尊重しているわけではありません。しかし、対等性という友人関係の理念を理解しており、この理念を使用して世界を見ることができる人には、これらの人たちも、時として、一人の人として、さまざまな願望や希望をもった奥行きのある心をもった存在として見えてくる可能性があります。理念とは現実を別の見方で見ることを可能にする概念のことです。

　対等性という概念は道徳的理念であり、現実の人間関係を道徳や倫理の観点から見るために使用されうるものです。道徳や倫理の観点から人間関係を見るというのは、その人間関係は本当にそれで良いのか、もっと別のより良いあり方はあるか、といった観点から見ることです。そのための理念を私たちはまさに人間と交わることを通じて学んでいきます。つまり、対等性という友人関係の理念を私たちは友人関係を作ること、あるいは友人関係が壊れることを通じて、子どもの頃から学んでいるのです。

もちろん、世界の中で出会う多くの人々はこの理念の下に見られることはなく、たいていは社会的な役割やタイプなどの観点から見られていて、そこには多かれ少なかれ上下関係や序列があります。しかし、対等性という概念を、友人をもったり友人を失ったり友人を切望したりしたことのある人なら、いざとなれば使用できるものとして保持しているはずです。それは円や線の概念を使用可能な能力をもっているのと同じです。

私たちは、数学的にも道徳的にも、普段は使っていなくても、状況によっては使うことのできる理念をもっており、それの使用を通じて世界を普段とは別の仕方で見る能力をもっています。この理念の性格からすれば、本当に対等な人間関係が「現実」にはほとんど見られないということは、道徳にとって何の問題もありません。それは、私たちが通常の生活では部屋を数学的性質において見ていないということが、数学的な世界の記述にとって何の問題でもないことと同様です。

世界を見渡して見ましょう。完全な円がないように、完全に対等な人間関係も見いだすことは難しいでしょう。世界には、さまざまな物があり、道具があり、植物があり、動物がいます。そのなかに人間もいます。その人は赤の他人かもしれませんが、それ以外の存在者と区別できるくらいには、十分、自分と対等な一人の人であるという理念に近似した存在なのではないでしょうか。赤の他人であっても、単なるモノではなく、利用されるだけの道具でもなく、また、植物や動物と間違えようもなく、あなたと同じように、願望や希望をもった一人の人として、可能的には対話のできる相手として見ることは十分できるのではないでしょうか。赤の他人どころか、争っている敵でさえ、騙し合って傷つけ合うよりも、お互いにテーブルについて、一体何を求めているのかなどについて話し合うべき相手として現れてくることはありえます。今は「ただの○○に過ぎない誰か」（○○には近所の人、クラスメート、同僚、さらには敵も入りえます）に見えている人も、潜在的には、対話すべき相手として見えてくることがある――そういう道徳的理想をもって他人を見る能力を私たちはもっているのです。

本章から見えてくる展望

数学と同様に哲学や倫理学も現実を別の仕方で見ることを可能にする学問です。本章では善意の嘘を重点的に扱いました。表面的な社交の観点からは善意の嘘は必要不可欠に見えますが、相手に対する尊重という道徳的観点からは話し合いの道を阻むという負の側面が見えてきました。自分の利害関心ばかりを考慮するのではなく、相手の利害関心も自分の利害関心と同等の重みで見る時、嘘をつく気持ちに変化が生じます。対等性の理念を使用することができた時、嘘をつく代わりに何ができるか、例えば、本当の意味で相手に優しくするために何ができるかを自ら考えたり、表面的な反応のやりとりを続ける代わりに、お互いにとって問題の事柄について話し合ったりするという回路が拓けてきます。このことは善意の嘘の場合だけでなく、不都合を取り繕う嘘の場合でも同じですし、考えてみれば、それ以外の嘘の場合でも、結局はオープンな対話の欠如という問題があることが分かるはずです。

私は創意工夫をもって考えたり対話したりすることはそれ自体、道徳的な実践だと考えています。「現実」的には表面的なやり取りでその場をしのぐほうが楽かもしれないし、みんなそうしているのだから嘘をつくのも仕方がないというふうに、妥協して終わりにするのはもったいないことです。私もあなたもすでに対等性という友人関係の理念をもっており、生きているなかでこの理念を使用できる能力を獲得し、理念の光の下で世界を見る目を養ってきたのです。その力を大切にしたいと思うのです。

数学的理念のように道徳的理念も時に使用してください。それによって世界は、人間はいつもより奥行きのある仕方で現れるし、もっと対話的な関係が開かれてもくる。それによって他人をもっと大事にできるし、社会のあり方を問う視点も出てくる。そのように思うのです。いやそうならないはずがありません。なぜなら、私たちが対等性の理念を学んだのは、まさにこの社会で人々のあいだで生きることによってだったからです。

第三章

それでもなぜ嘘をつくのか

第一章では嘘《うそ》をつくとは何をすることか、第二章では嘘をつくことがどうして悪いのかを考えました。嘘をつくことは悪いとこれだけ言われており、誰もがそのことは分かっているはずなのに、嘘と無縁に生きる人はもしかすると全く存在しないのではないかと思われる程です。これはなぜなのでしょうか。最終章となる第三章ではこの問いを考えたいと思います。

幼い頃に、友達のおもちゃをくすねたというような経験をした人は少なくないでしょう。しかし、多くの人は、大人になっても折に触れては盗みの誘惑にかられるというわけではないようです。悪いことなのだからしなければよい、という理屈が盗みについては通用するように見えます。他方で、都合が悪くなると事態を取り繕うための嘘をつく誘惑と無関係に生きている人はいそうにありません。

このことは、大人であればわがこととして知っていることであり、子どもも成長するにつれ分かってくることでしょう。たしかに、大人は嘘をつくのは悪いと子どもに教えるけれど、大人は嘘をつかないというわけではないし、大人になれば自動的に嘘をつかなくなるわけでもないのです。悪いと分かっているのになぜやってしまうのか、という問いは、嘘の場合には、誰にとっても生きている限りずっとリアルにつきまとうような問いであり、その点で特筆すべきものです。

盗みの場合でも、自分が盗みの誘惑にかられることはないとしても、家族や友達が物を盗んでいるのを知ったらどうでしょうか。やめて欲しいと思って、盗むのは悪いことだと話すと、そのことには納得している様子だとします。この場合、悪いと分かっているのにどうしてやめられないのかという問いは、盗むとは何をすることかとか、盗みはどうして悪いのかという問いに劣らず、喫緊で重要な問いであることが分かると思います。いじめの場合と同様です。それが何であり、どうして悪いのかという問いだけでなく、これだけ悪いと言われているのになぜそうするのかを問わないで済ませようとしているなら、本気でそのテーマについて考えているとは思えないでしょう。

嘘の場合も同様です。以下では、私たちはなぜ誰もが嘘をつくようになるのか、そして、なぜ大人になっても嘘をつく誘惑から解放されないのか、さらには、そんな嘘をつく動物である私たちにとって誠実さとは何であるのか、などを考えていきます。

1　言葉を学ぶためには嘘を学ばねばならない

悪の習得説――言葉を話せるようになって嘘をつき始める

嘘をつくことは、他人に不利益を与えたり、心を傷つけたりするだけでなく、自分自身をも苦しめます。また、嘘をつくことは相手を自分と対等な人として尊重し損ねることであり、人として侮ることでもあります。

嘘が悪い理由はこんなにも揃《そろ》っているのに、それでも誰もが嘘をつくのはなぜなのでしょうか。人間には生まれつき、嘘をついて相手を騙《だま》したくなるような悪い傾向があるのであり、つまり、嘘をつくのは人間の本能なのだ、と答えたくなるかもしれません。

このような生得説には明らかな問題があります。生まれたばかりの赤ん坊には悪事をなすことはできず、子どもは成長とともに悪いことを覚えるという事実を説明できないからです。例えば、いじめの場合、その悪さを本能などの生得的な何かに還元することは明らかにできません。そうすればいじめの問題を矮小化《わいしょうか》することになるでしょう。まず、生まれた時から人をいじめることのできる人はいません。「弱いものいじめ」という言葉があるように、いじめは、何らかの特徴によって他の人たちとは異なる人を標的にするものです。それらの特徴は、肌の色や体型などの身体的な特徴、発声の仕方やアクセントなどの言葉の特徴、親の国籍や出自など、さまざまです。つまり、子どもが誰かをいじめるようになるには、何らかの特徴によって人々の間に区別をつけることや、侮辱するための言葉遣いやポーズの取り方を学んでいたりすることが必要になるでしょう。

これらの区別、見方、言葉遣いなどはどれもすでに社会のなかにあり、目の前の大人たちや画面の中の人たちの行動や言動から学んで、子どもたちが身につけていくものです。誰もが悪さをもつとすれば、その悪さがどのように広範に習得されるのかは興味深い問いであるだけでなく、私たちの社会を見直すためにも必要な問いです。他方、生得説には、成長と社会化の過程における悪の習得をブラックボックス化してしまうという問題点があります。

第一章で確認したように、嘘をつくことは、言葉を言うことによって相手を騙そうとする行為である以上、嘘をつくためにはまず、言葉を話すことができなくてはなりません。また、嘘をつくためには、自分が言っていることを相手が理解できなければならない限り、相手が理解できるように自分が話すことができなければなりません。それゆえ、日本語で自由に嘘をつくことができる人でも、外国語で嘘をつこうとするなら、その言語をしっかりとその発音や言語使用の慣習を含めて習得する必要があります。ここでは、嘘をつくことを言語習得のなかで獲得される能力という点から考察しましょう。嘘をつくことは生きるなかで身につけ、けいる何かなのです。

言葉を話すことと規則に従うこと

人はどのようにして言語を使って生きていけるようになるのでしょうか。第一章で見た言語行為論（二七ページ以下）を思い出してください。私たちは、言語を単に発しているだけではなく、何かを言うことにおいて何かをしています。言明したり、依頼したり、質問したり、あるいは、それらに応じたり拒否したりして生きています。言葉を学び始めた子どもは、「今日は幼稚園は休みだよ」、「遊んだら片付けて」、「すいか食べる？」などと言われたり、「今日は雨だね」、「水、取って」、「おやつは何？」などと言ったり、あるいは、「分かった」とか「嫌だ」とか言いながら、この世界で生きていく足場を築いているでしょう。

ところで、言葉を言うことで何かをできるようになるには、一定の規則に従わなければなりません。例えば、この文章を読者の皆さんが理解できるのは、私が日本語の基本的な文法を習得し、その文法に従って書いているからです。しかし、規則には文法以外にもさまざまなものが含まれます。注文や命令など、言葉を用いる行為のそれぞれには、言い方、発話の状況、話し手と聞き手の立場などに関する一定の規則性があります。

　規則というと文法規則や、あるいは校則や社則のように明示的に書き出して一覧にできるようなものを思い浮かべるかもしれません。しかし、注文にも命令にもそのような明示的な規則はないので、言い方などの規則性は「慣習」と呼ぶほうが適切だと思われるかもしれません。ただし、規則ということにもポイントはあります。状況や立場性や言い方が異なればそもそも意図された行為にならないという基準としての働きがあるからです。例えば、自宅で親に「ざるそばください」と言っても通常の意味での「注文」にはならないし、「ざるそばがあればなあ」という言い方をしてもやはり「注文」にはならないといった具合です。

　言語行為にはさまざまなものがありますが、もちろんそのなかには言明も含まれます。「今日は幼稚園は休みだよ」「今日は雨だ」「山手線は神田駅に停車する」「現在のドイツの首相はシュルツである」のように、世界についての記述や確認を意図して文を言う行為です。第一章で確認したように、言明において言われることは真／偽の値をもつ点で特筆されます。言明は、私たちの行為や計画の基盤となる情報を提供するものであり、その内容が真であることに価値があります。偽であった場合、その情報に基づいた計画も行為も狂ってしまうからです。

言明の行為ができるようになるには、文で言葉を言うことができるだけでなく、そのように言うことがどのような状況であれば言明になるかを理解している必要もあります。字面としては同じであっても、例えば、芝居の台詞として「今日は良いお天気ですね」と言う場合と、芝居の前の挨拶で「今日は良いお天気ですね」と言う場合では違いがあります。同じ人が同じ場所で同じことを言っていても、後者の場合だけが言明の行為だと言えます。この区別ができる場合、単に文法に従っているだけでなく、どういう状況でどう言えば言明になるのかに関する判別基準にも従っていると言えるでしょう。

ところで、私たちは何らかの規則に従う場合、何をすれば規則違反になるのかも理解しているものです。注文しようと意図して電車の乗客や自宅の親に「ざるそばください」と言うことは規則違反であり、蕎麦《そば》屋で言うのと同じことを言っていても「注文」にはならないことを理解しているとすれば、本気でそんなことは言わないはずです――言うとすれば、冗談を言うなどの別の行為として、でしょう。言明するために何に従う必要があるかを理解している人であれば、どういうものが規則違反であるかも理解しているはずです。

言葉を学ぶためには嘘も学ばなければならない

言明は真なることを言うことだと理解しているのであれば、嘘をつくことは言明の規則に対する違反だということになるでしょう。以上を踏まえて、オースティンの言語行為論を展開したことで知られるジョン・サールの次の言葉を見てみましょう。

ウィトゲンシュタインが、うそをつくことは他の任意の言語ゲームと同様習得されることを必要とする言語ゲームであると述べたのはまちがいであったと私は考える。私がこの見解が誤りだと考えるのは、うそをつくことは、言語行為の遂行に対する統制的規則(regulative rules)の一つに違反することからなっており、統制的規則はどれもみな、その内に違反の概念を含んでいるからである。どのようなことが違反に該当するかを規則が定義している以上、まず最初に規則に従うことを学んでから、次に規則を破るという別個の営みを学ぶということは必要でない。[1]

ウィトゲンシュタインは間違いであった、という部分は後で振り返ることにして、まず、サールの見解を取り出しましょう。第一に、嘘をつくことは言語行為の遂行の統制的規則に対する違反であると言われています。ここで問題になっている規則は行為を統制するような類の規則であり、そういう規則は、規則である以上、何が規則に対する違反であるかも定めているのだとされています。

サールはそうした統制的規則の例としてエチケットに関する規則を挙げています。[2]嘘の話には後で戻ってくるとして、ここでもまず、スープの食べ方に関するエチケットのことを考えてみましょう。ずずっと音を立ててスープを食べていると、「音は立てないように」と注意されたり、周りの人に嫌な顔をされたりすることがあります。この人たちは、私のスープの食べ方はエチケット違反だと告げているわけです。食べ方に関するこの種のエチケットを思い浮かべてみると、たしかに、その規則の理解には、何をしたら規則違反になるのかの理解が必須であるように思われます。いやむしろ、私たちがエチケットに関する規則を学ぶ時の典型的な場面とは、エチケットに反する振る舞いをした時に、「〇〇はしないように」と言われることで、つまり、何が規則違反であるかを教えられる場面であるようにさえ思われます。

この点は、まず規則に従うことを学んでから、次に規則違反を別に学ぶという二段階のステップは不要だというサールの指摘に関係しています。スープの食べ方に関する限り、少なくとも私は、どういう規則に従えばエチケットを守ることになるのかを細やかに説明することはできません。ただ、音を立てないなどのいくつかの規則違反については、これまでに注意されるなどの経験を通じて理解しています。私がスープを食べる時に注意しているのはせいぜいこれらの規則違反をしないことくらいなのですが、それでも十分、スープの食べ方に関するエチケットは守っていると言えるように思われます。そうだとすると、何がエチケット違反なのかを学び終えた時にはすでにこのエチケットの規則に従っている状態にあるのであり、最初に、エチケットの規則を学んで、次にどうすると規則を破ったことになるのかを別に学ぶというふうにはなっていないように思われます。

ここで嘘の話に戻りましょう。たしかに、私たちは、エチケットの場合と同様に、子どもの頃から、嘘をつくと「嘘はつかないように」と言われたり、怒られたり悲しまれたりして、嘘をつくことはコミュニケーションの原則に反することを教えられます。つまり、エチケットの場合と同様、言語の規則に従うことを学ぶことのなかに、嘘をつくことが規則違反であることを学ぶことはすでに含まれているのです。言語の規則に従うことを学んで、言語を用いて行為している時にはすでに、嘘をつくとはどういうことかをその規則に対する違反として学んでしまっているというわけです。

例えば、大人に「どこに行っていたの？」と聞かれた時、子どもが「え、公園で遊んでいた」と嘘をつくとしましょう。一人で行ってもよいと決められている範囲を超えた、遠くのエリアに住む友達の家にいたのですが、本当のことを言えば怒られると思って嘘をついたのです。しかし、この大人は公園に探しに行ってみたけれど、子どもがいなかったから聞いていたのです。そのため、子どもが嘘をついていることはすぐに見抜かれます。この時、大人は「嘘をつくんじゃない、本当のことを言いなさい」などと言うでしょう。言葉を話すことには真実を語らなければならないという規則が含まれていることを大人は教えているわけです。考えてみると、このような規則を大人から言わば机上で教えられたようには思われないでしょう。むしろ、大人が子どもに真実を語るべしという規則を教えるのは、子どもがこの規則に反していることを指摘する場面が大半でしょう。

そうだとすると、子どもは言葉を話すことには真実を語らなければならないという規則があることを、規則違反のケースを通じて学んでいくと言えます。それゆえ、最初に規則に従うことを学んでから、次に規則を破るという別個の営みを学ぶというわけではないように思われます。サールの議論は、言葉を学ぶためには規則違反を犯すことを学ばねばならず、その規則違反には嘘をつくことも含まれることを教えています。嘘をつくことは、子どもにとってって、それを通じてしか真実を語るという一般的な規則を習得できない点で必要なことだと言えるでしょう。

言明にとっては真実を語ることが規則であると言われた時、そんなことは考えたことがなかったとか、たしかにそうかもしれないが、それがどうして規則なのかを説明することはできない、と思った人のほうが多いと思います。エチケットの場合と同様に、違反した時にはっきりと指摘される一方で、規則に違反していない時には特に何も言われないのが常だからでしょう。嘘をつくことはその違反の典型事例です。「公園で遊んでいた」とか「本当に反省しています」とか、言明と字面上は一致したことを言っておきながら、実際には真なることを言っていないという経験を、話し手としても聞き手としても経験し、それは規則違反だとして咎《とが》められたり、それは規則違反だと憤って抗議したりしながら、私たちは言葉を話すようになり、そして言葉を話して生きていくのでしょう。

2 嘘をつきながら世界で生きる地歩を築く

嘘をつくことは自律した言語ゲームである――ウィトゲンシュタインの洞察

サールの指摘から、嘘をつくことは言語習得の結果としてたまたま学ばれるのではなく、言語習得の大事な一部であることが分かりました。嘘をつくことを覚え、それは規則違反なのだと理解することは、誰もが通らなければならない道だということでしょう。もちろん、あることをする能力があることと、それを実際にすることは別のことです。嘘をつくことが何をすることかを理解し、嘘をつくことができるとしても、嘘をつかずに生きることも可能なはずです。しかし、実際には、私たちは嘘をつくことを覚えると、たいていは、嘘をつき、嘘がばれたり、嘘をついて自分で苦しんだりしながら成長します。それがなぜなのかを引き続き考えましょう。

サールは、ウィトゲンシュタインは間違いだったとして自分の見解を提出していました。ルートヴィヒ・ウィトゲンシュタイン（一八八九～一九五一）は、二〇世紀以降の現代哲学の最も影響力の強い哲学者だと言われる人物です。その彼が何を間違えたとサールは言いたいのでしょうか。それは、嘘をつくことは「他の任意の言語ゲームと同様習得されることを必要とする言語ゲームであると述べた」ということです。たしかに、「嘘をつくというのは一つの言語ゲームであって、他のすべての言語ゲームと同様、学ぶことが必要である」[3]とウィトゲンシュタインは『哲学探究』という著書で述べています。

サールは、嘘をつくことは、真実を語るという言語実践の規則を学ぶただなかで、その規則違反として自ずと学ばれるものだと考えます。他方、ウィトゲンシュタインは、嘘をつくことは、一つの固有な言語ゲームであり、それ自体、時間と労苦をかけて学ぶことを必要とする、と考えているわけです。

言語ゲームはウィトゲンシュタインの用語です。「「言語ゲーム」ということばは、ここでは、言語を話すということが、一つの活動ないし生活様式の一部であることを、はっきりさせるのでなくてはならない」[4]。こう述べられた上で、言語ゲームのさまざまな例が示されます。命令する、出来事を報告する、仮説を立てそれを検討する、演技する、冗談を言う、要請する、感謝する、祈る、などなどです。[5]言語ゲームには、学問的な場面も含めて、私たちが言葉を話すことにおいて行なっているさまざまなことが含まれます。仮説を立て検証するという科学者の活動も、冗談を言ったり感謝したりする日常的な活動も、それぞれ固有な言語ゲームであり、その活動に参加するためには多くのことを学ぶ必要があります。

例えば感謝するという言語ゲームに参加するには、どのような状況でどういう言葉をどういう言い方で発するのかを学ばなければなりません。実際、大人たちは子どもたちに、「こういう時は、ありがとう、でしょ」とか「ちゃんと相手の目を見て言いなさい」とか、感謝の言語ゲームのやり方を教えます。ウィトゲンシュタインは、嘘をつくことも一つの固有な言語ゲームであり、それに特有のやり方を学んで習得される必要があると言っています。この考えによれば、嘘をつくことは言明の規則違反以上の活動であり、言語の習得とともに自動的に学び終えるというのでは足りません。

他者たちとどう生きていくのかを学ぶ

言語を話すことは「一つの活動」であるというのは、言語行為論とも明らかに共通する観点です。しかし、ウィトゲンシュタインは「活動」を「生活様式」とも呼んでいる点が特徴的です。感謝するという言語ゲームは、単に「ありがとう」と発話することにおいて行われるのではなく、まず、どういう状況がこのような発話をするべき状況かを見て取ること、また、お辞儀をするなどの身体的ジェスチャーを含めてそれにふさわしい言い方をすることも要求します。「ゲーム」と言っても明確に規則が定まってはおらず、どういう行為が反則であるかが明示的に決まっているわけではないので、マニュアルやガイド本などを通じて学ぶことはできません。実際に、感謝する／されるという活動を行うことを通じて、成功も失敗も含めて実践的に身につけるしかありません。

感謝だけでなく、出来事を報告する、冗談を言う、祈る、など、多様な言語ゲームに参加できるようになるには、どういう状況で何をどのように言うのかを全体的に学ぶことが必要です。しかしこれは、私たちにとって、他者たちとともにこの世界でどのように生きていくかを学ぶことと等しいのではないでしょうか。「生活様式」は「生活形式」と訳されることもありますが、端的に「生きる仕方」と呼んでよいものです。多様な言語ゲームに参加することは生きる仕方なのです。嘘をつくという言語ゲームに参加するようになることも、参加する以前とは異なる仕方で生きるようになることなのです。

沈黙、嘘、論点ずらし——規則違反のさまざまなやり方

嘘をつくことは単に真実を語るという規則に対する違反以上のものです。この点は、第一章の最後に取り上げた場面を思い出せば明確になるでしょう[6]。あなたの友人がある者に追わ

れています。あなたは友人を自宅に匿《かくま》います。そこにその者がやってきて、友人はどこにいるかと尋ねます。あなたは、友人を救うために友人はここにはいないと嘘をつくべきか、それとも正直に友人はここにいると言うべきかを迷います――。実のところ、この状況では、嘘をつくか正直に言うかのいずれかしかないわけではありません。相手の問いに黙して答えないという選択肢もあるからです。

真実を語るべしという規則に違反する行為には、嘘をつくこと以外に沈黙することもあります。その上で、嘘をつくことは沈黙することとは異なり、言葉を発する点で、単に黙ること以上の何かをしています。嘘をつくことは規則違反であると言って済ますのでは、嘘をつくことと黙ることとの違いを放置することになってしまいます。

真理を語るべしという規則に対する違反として、嘘だけでなく沈黙もあることは、先のような極端な例を用いずとも納得できることのはずです。「どこに行っていたの」という問いに対して子どもがとっさに「公園にいたよ」と答えることもあるでしょうが、むしろ、顔を背けたり、グズグスした様子を見せて黙ったりしていることも多いでしょう。大人が「黙っていないで本当のことを言いなさい」と言うとすれば、沈黙も嘘と同様に「本当のことを言う」という規則に対する違反であることが明確に伝えられています。そんな大人でも、質問されているのに下を向いて何も言わずに沈黙で返すことは少なくありません。

この種の規則違反には、嘘と沈黙以外にも、論点をずらすなどさまざまな形態があります。例えば、「どこに行っていたの」という問いに対して、「え、ちゃんと時間通り帰ってきたでしょ」などと論点をずらして、正面から質問に答えないということがあります。真理を語るべしという規則への違反にはさまざまな形態がある以上、サールの言うように、規則違反として嘘をつくことを学ぶということが正しいとしても、嘘をつけるようになるには、その先に、嘘をつくことと他の規則違反との区別を学ぶことも必要であることが分かると思います。

あるいはこう言ってもよいでしょう。嘘をつくことはたしかに言語実践における規則違反として学ばれますが、しかし、この違反は食べる時に音を立てることやサッカーでボールを手で触ることとは別の扱いが必要だということです。食べる時に音を立てることや、(ゴールキーパーでない限り)サッカーをする時にボールを手で触ることは規則違反でしかなく、エチケットに従っている人がどうやったらスープの音を立てられるかを思案して試行したり、あるいはサッカー選手がボールを手で触れることを練習したり、どうやったらうまくボールを手で触れられるかを考えたりすることはないでしょう。他方、嘘をつくという場合、どうやったら嘘をうまくつけるのかを、あるいは、どうしたら嘘がばれないままでいられるかを考えたりしたことがあるでしょう。嘘をつくことはそれ固有の言語ゲームであり、単なる沈黙とも異なり、特有の学びを要するのです。

状況と動機――「意図を前提するだけ」では足りない

では、固有な言語ゲームとしての嘘をつくことは、どのような意味で生活における活動実践と言えるのでしょうか。ある講義のなかでウィトゲンシュタインはこう言っています。

> しかし本質的な点は、嘘をつくことは何らかの動機、状況を前提するということである。あなたは「いや、意図を前提するだけだ」と言うかもしれない。それはそれでよいだろう。しかしその意図は、何らかの動機のために、実際にはそうでないことを言おうとする特殊な意図である。というのも、あなたは、面白がるために、あるいは無思慮に、実際にはそうでないことを言おうとも意図できるのだから。あるいは、狂っているがためにそう言おうと意図するなら、それは嘘をつくことではない。動機が重要である。[7]

すでに見てきたように、嘘をつくことには、相手を騙すという特殊な意図があります。自分が真だと信じていないことを相手に真だと信じ込ませようとする意図のことです。ウィトゲンシュタインが指摘しているのは、しかしその意図には何らかの動機があること、またその動機は「状況」と関連している、ということです。

ウィトゲンシュタインは、嘘をつくことは、ある状況において何かの目的（動機）のためになされる、ということに注意を向けています。「この靴は○○製である」と言っている店員は、店に客が入ってきたという状況で商品を買わせるために嘘をついているはずです。自分は嘘をついているが、しかし、何のために嘘をついているかは分からない、ということはないでしょう。なぜそれをしているのか全く分からないけど口から嘘が出てくるという状態が仮にあるとしても、そのような状態に陥ることは、もはや嘘をついていることだとは言えない、とウィトゲンシュタインは指摘しているようです。

ところで、第二章で嘘の自発性と強制性のグラデーションを取り上げました。自分の利益のために嘘をつくことが高い自発性を示す典型例だとすると、自分の都合が悪くなったので取り繕うためにつく嘘、みんなに変に思われたくないとか嫌われたくないためにつく嘘などが、より自発性が低く誘発性の高い嘘として登場しました。さらに、もはや自分が信じていないことでもそう言わなければ罰せられるという状況は、自発性がほとんど確認できないくらいに強制度が高いものであり、嘘をつく行為が意図的になされているのかどうかの限界事例でした。例えば、強要された自白にはもはや騙そうという意図すらないのであり、嘘の範囲を超えた別の行為として記述したほうが適切である可能性を考慮する必要があります。

これらの事例を、嘘はある状況において何らかの目的のためにつかれる、という観点からあらためて考えてみると、嘘をつくことは、一定の仕方で見て取られた状況への対処としてなされる、という側面が明らかになると思われます。取り繕うための嘘は、子どもが大人に怒られそうな状況で、生徒が不正行為だと認定されそうな状況で、政治家が信頼や立場を失いかねない状況で、保身のためにつかれるものだと言えるでしょう。周囲から変に思われたくないとか嫌われたくないための嘘は、周りの人に自分が本当に信じていることを言ったら距離を取られるだろうという状況に話し手が自らを見出している限りでつかれるでしょう。自分が信じていないことでもそう言わなければ国家の目の敵にされるという状況においては、罰を受けないために嘘をつくしかなくなるでしょう。

以上のように見ていると、嘘をつくことは、相手を騙そうという「意図を前提するだけ」ではないことが分かります。その状況がどういう状況であるかを見て取り、その状況に対処するために嘘をつくことへと動機づけられなくてはなりません。このままでは怒られそうな状況だという認識がなければ、子どもは親を騙そうという意図をもたないかもしれません。このままでは立場を失う状況だと認識しなければ、政治家も保身のために嘘をつくには至らないでしょう。

自分はどういう世界に生きているのかを学ぶ

嘘をつくという言語ゲームは生活様式であり一つの生きる仕方であるという点がこれではっきりしてきました。嘘をつくという言語ゲームに参加するには、自分が置かれている状況がどういう状況であり、そのような状況ではどんなことが起こりうるのか、を学ばなくてはなりません。こんなことをしたらいよいよ怒られるぞ、このままではマズイぞ、ということは、コミュニケーションを始めた頃から子どもたちが生活のなかで学んでいくものです。学校、仕事、政治などが関与すれば、状況はもっと複雑になるでしょう。そのように複雑化する状況を、しかしそれでも一定の状況として認識することを私たちは、年を重ねながら習得していきます。自分がどういう世界に生きているのかを理解していくわけです。それによって嘘をつく動機は増すことはあっても減ることはないのではないでしょうか。友人関係、学校、仕事、政治など、私たちは、生きるなかでさまざまな状況に巻き込まれ、それらの状況を切り抜けようとします。

人間は、一定の状況のなかで生きるという条件を免れた浮遊した存在になることはできないでしょう。だから、嘘をつくことは「意図を前提するだけだ」というのではだめなのです。これではまるで、嘘をつくことは、騙す意図があり、実際には信じていないことを言いさえすれば成立するかのようです。第一章で見た言語哲学における標準的定義はそのように嘘を捉えていました。しかし、意図と言葉だけが浮遊したところで嘘の言語ゲームは行われているのではなく、私たちは常に世界の状況に投げ込まれています。嘘をつくという言語ゲームに参加し始めることは、私たちがこの世界で生きる仕方の足場を作るものだと言えるでしょう――本書の考察は、言語哲学を離れて、嘘を全身的行為として探究すると第一章で予告したことを思い出してください。

3　嘘の演技性と身体性

言い方の習得――嘘の演技性を考える

真実を語るという規則への違反は、嘘をつくことだけでなく、問いに答えずに沈黙することにも見られる以上、嘘をつくことは固有の言語ゲームであり、この言語ゲームに参加するにはさまざまな状況を対処すべきものとして認識することが必要だと分かりました。その状況は、友人・家族関係、学校、仕事場、政治の場面など、さまざまであり、既定のシナリオのようなものではなく、経験とともに見て取られるようになるものでしょう。ここで着目したいのは、そのような状況で嘘をつくときの言い方です。

嘘をつくことはある状況に動機づけられることを前提するということは、相手を騙す意図は内面に隠し通せるものではないことを示しています。子どもが嘘をつく時、大人は「ああ、怒られないために」嘘をついているんだな、と見破ります。政治家が嘘をつく時、人々は「ああ、このままでは支持を失うと思って、保身のために」嘘をついているんだな、と見破ります。状況は話し手だけでなく聞き手も共有しているものであり、どのように状況に対処しうるのかは人々の間で多かれ少なかれ共有されています。車が急接近している状況で人がとっさに動いたなら、「ああ、車を避けるために動いたのだな」と分かります。そのために、その人の内面を透かし見る必要はありません。

もちろん、状況からあの人はこういうつもりで行為しているのだと思ったことが、実際にその人が意図していることと異なる、ということはあります。しかし、このことを誇張して、意図は全く当人にしか知りえない何かとして秘匿されているのだと考えるのは無理があります。なぜなら、実際に、騙そうという意図は他人に見破られることがあるからであり、逆に、嘘をつく人は見破られないように注意して振る舞っているという現実があるからです。

嘘をつくという言語ゲームには言い方の習得も含まれます。第一章で嘘の演技性として示唆したことをここで思い出しましょう。嘘をつこうとするとつねに声が上ずったり、明らかに表情が固くなったりする人は「嘘をつけない」人だと言われるでしょう。怒られないために嘘をつく子どもや、恋人に秘密がばれないように嘘をつく大人は、平静を装い、何事もないかのように言おうとしますが、緊張のあまりうまく演技できず、ばればれになることがあります。そういう時には嘘をついていると「顔に書いてある」と言われますが、この言い回しが示唆しているのは、意図なるものはうまく隠さなければ内面に匿うことはできず、たちまち顔に現れて公共的にさらされてしまうということです。

ポーカーフェイスだけが嘘をつくことに伴う演技的な振る舞いなのではありません。偽物の商品を買わせようとする詐欺師などは、平静を装うというより、にこやかに笑って嘘をつくことに長《た》けているでしょう。「反省しています」と嘘をつく場合には、まるで表情がないというのも、にこやかに笑っているというのも不適切であり、眉をひそめた深刻な表情で言うものでしょう。

言語ゲームの身体的次元――偽りの笑いと痛がっているふり

嘘をつくことは状況に対処するためになされますが、それぞれの状況で嘘をつく時にはその状況に応じた適切な振る舞いが身体レベルで理解されているはずです。嘘をつくことだけではなく、冗談を言うのであれ、感謝するのであれ、言語ゲームには、笑い方、視線の向け方、姿勢のとり方を含めて、身体の動作や表情のあるべきあり方があります。言語ゲームが生活様式であるということは、このように、世界を生きる身体の姿を含むのではないでしょうか。

実際、ウィトゲンシュタインは、嘘をつくというのは一つの言語ゲームであるという文章の前後でこう言っています。

乳呑児の微笑はいつわりでない、と仮定することは、ひょっとすると早計なのだろうか。——どのような経験に基づいて、われわれはそう仮定するのか。[8]

なぜイヌは痛がっているふりをすることができないのか。正直すぎるのか。イヌに痛がっているふりをすることを教えることができるだろうか。おそらく、特定の状態の下では、痛みを感じていないのに痛がっているようななき声を出すよう、教えこむことができよう。だが、本当にそう見せかけるためには、このふるまいにはまだ相変わらず正当な周囲〔の条件〕が欠除している。[9]

問題になっているのは、おかしくないのに偽って笑うことや、痛くないのに痛がっているふりをすることです。私たちは、赤ん坊の笑いを純真で偽りのないものとして見ます。また、痛がっているような泣き声を出すように見事に調教された犬がいたとしても、この犬は痛みを感じていないのに痛がっている「ふりをしている」、と言うことはなおもためらわれます。

同時に、調教されていない犬を「正直すぎる」というのもためらわれるでしょう。そもそもふりをすることができないのであれば、「正直」であることもできないと思われるからです。正直であるためには、正直でないこと、ふりをしたりすることができなくてはなりませんが、犬はまさにこれができないことがここで話題になっているわけです。

しかしそれはなぜなのでしょうか。なるほど、おかしくないのに偽って笑ったり、痛くないのに痛がっているふりをしたりするためには、赤ん坊や犬には多くのことが欠けているように思われます。その理由には、ふりをしたり演じたりすることはそれ自体、実践的に習得する必要のある行為であり、その実践的習得の場とは人間の生活そのものだ、というものがあるでしょう。この人間の生活を、赤ん坊はまだよく知りません。犬が、人間のように笑い、お辞儀をし、嘘をつくような生活を実践する姿をイメージするのはとても困難です。それらしい鳴き声を出したり、それらしく顔の筋肉を動かしたり姿勢を取るように調教することは可能かもしれませんが、それらをもって、比喩ではなく本当に、笑っている、嘘をついている、お辞儀をしている、と言うにはやはり多くのことが欠如しているからです。欠如を完全に埋めるためには、犬が人間のように、ではもはやなく、本当に人間として――人間に変身して――これらをするようにならなくてはいけないでしょう。

お腹が痛い——嘘をつくと同時にふりをする

本書の関心からすると、ここでウィトゲンシュタインが、言葉を言うことにおいて嘘をつくことと、言葉を用いずに表情や声で偽ったりふりをしたりすることを、あまり厳密に区別せずに論じていることは興味深いことです。これは言いかえると、言語ゲームというものは、言葉を用いる面と言葉によらない面を共に含みこむ広い活動だということです。本書では、嘘をつくことは、単に騙そうと意図して、真であると信じていないことを語るというだけでなく、あたかも真であるかのように語るという演技性を含むと考えてきました。嘘をつくことには、騙そうとする意図をもつことや何かを言うことだけでなく、一定の表情を作ったり体を動かしたりすることなども含まれるという考えです。この考えによれば、言葉を言うことで何かをすること（この場合、嘘をつくこと）は、言葉によらずに何かをすること（この場合、ふりをすること）からは分離できず、これに結びついた実践です。嘘をつくこととふりをすることを一緒くたに論じるウィトゲンシュタインの言語ゲーム論は、一見すると雑多な現象をきちんと区別せずに論じているように見えるかもしれませんが、言語行為を身体動作にまで拡張して捉える視点を与えるものだと理解すると多くの示唆を与えてくれます。

言語ゲームの拡張的な捉え方を考える上で、ウィトゲンシュタインがあげている「痛がっているふりをする」という場面はなかでも示唆的です。例えば、仮病を使って学校をさぼろうとして、「お腹が痛い」と嘘をつくとしましょう。その時にはそれにふさわしい言い方があるはずです。親しげににこやかに笑って言う、平静を装って冷静に言う、かしこまって真剣な様子で言う……。本書にこれまでに出てきたどの言い方も、この場合には場違いな感があります。むしろ、「お腹が痛い」と嘘をつく時には、まさにお腹が痛いふりをするものでしょう。お腹をさすってみたり、顔をしかめてみたり、「お、おな、か、が……」などといかにも声を出すのも辛いといった様子で言うでしょう。「お腹が痛い」という嘘をつくためには、お腹が痛いふりをするという演技的な側面は不可欠です。

にこやかに「お腹が痛い」と嘘をつくとか、ケロリとしたいつもの様子で「お腹が痛い」と嘘をつくということはありそうにありません。そんな場合には、本当に騙そうと意図して嘘をついているというより、ズレによって笑いを誘うような冗談（五六ページ以下）を言っているのでしょう。お腹が痛いということは明らかにそういうものではないからです。

4　内面（心）をもつことの実践としての嘘

半ば演技している――本当にお腹が痛い時の現実の姿

赤ん坊は、最初、お腹が痛くてもただ泣き叫ぶだけですが、「痛いの？」などと聞かれるうちに、「痛い！」と言うようになります。しかし、泣く代わりに痛いと叫ぶだけでは、鳴き声を教え込まれた犬が鳴くのと同様、まだ、生きる仕方としての言語ゲームに本格的に参入しているとは思えないでしょう。他方、子どもが、本当はお腹が痛いわけではないのに、「お腹が痛い」と言いながらお腹をさするなどの演技をしているとすれば、どうでしょうか。単に「痛い」と叫ぶ段階から相当に進んでおり、もはや赤ん坊とは呼べないと思えるのではないでしょうか。この子どもは、何かを言うときにはどうするものなのか――身体の動作や表情のあるべきあり方――についてすでに多くを学び取っているはずです。生活様式ないしこの世で生きていく術を身につけつつあるように思われます。ウィトゲンシュタイン研究者の古田徹也は、こう述べています。

〔…〕ウィトゲンシュタインは、泣き叫ぶ代わりに「痛い！」と叫ぶというような、幼子や動物の本能的な振る舞いと変わらない局面——いわば、言語ゲームの起源——から、言語ゲーム《Spiel》（言語劇《Spiel》、言語演技《Spiel》）の実践への移行というものを、〈演技する〉〈振りをする〉という実践を組み込むかたちで描いている。／そして彼は、子どもがこの意味での言語ゲーム（＝言葉を用いた虚実入り交じったコミュニケーション）を習得すること、すなわち、痛い演技ができるようになることと、その子の心（内面）が発達することを重ね合わせている。[10]

本書の文脈で言えば、赤ん坊の微笑みとか犬に教え込んだ鳴き声とかが「言語ゲームの起源」に相当します。そこから子どもが「言語ゲーム」へと参入していくこと、すなわち言語ゲームの実践への移行においては、演技をしたりふりをしたりすることが重要な役割を果たすと指摘されています。ここまでは私たちのこれまでの議論の復習と言えるものです。

ただし、ここでは、ウィトゲンシュタインが「言語ゲーム」という時の「ゲーム」には、スポーツや盤ゲームのように明示的な規則によって統制された実践だけでなく、「劇」とか「演技」のような実践が含まれるということが、ゲームのドイツ語の原語であるシュピール

（Spiel）に即して説明されている点が大事です。ゲームと訳されているシュピールは、たしかに、スポーツの試合にも使われますが、子どもの遊びにも使われるし、さらに、演劇のことも指す多義的な言葉です。面白いのは、ここで古田が、言語ゲームを「言葉を用いた虚実入り交じったコミュニケーション」と表現していることです。私たちの言語ゲームの実践は、一方に、文字通りにありのままの表現があり、他方に、文字通りにお芝居の演技があるというわけではなく、むしろ、虚実に関してそのような明瞭な区別がないところに私たちのコミュニケーションの現実があるというわけです。

言語ゲームの実践への移行において、子どもは「痛い！」と叫ぶだけでなく、お腹が痛いふりをしたり、「お腹が痛い」と迫真の演技を伴って嘘をつくことができるようになったりします。では、嘘ではなく本当にお腹が痛いということを表現するとすればどうなるでしょうか。古田は「グレーゾーンの演技」についてこう述べています。

> 嘘をついているのかいないのか明確ではないグレーゾーンの演技というものも様々に存在する。たとえば我々は、痛みを感じているときに、そのことを相手に分かってほしいとか、もっと同情してほしいといった理由で、その痛みを大げさに表す演技をすることがある。

これは、痛み自体を装っているわけではないが、痛みが実際よりも強い振りをしていると言うこともできる。[11]

この指摘によれば、私たちは本当にお腹が痛いのでそう言っているのか、本当はお腹は痛くないけど嘘をついているのか、という虚実の明確に区別されたコミュニケーションをしているというより、痛さの程度を大げさな演技によって強めに表現しています。このような演技なら大人になっても痛みの表現にたいていは伴っているでしょう。正確に実際の痛みの程度に即した表現をしようとするというより、助けや同情を求めるために大げさに演じるというほうが、コミュニケーションのあり方としては通常のもののようにさえ思えます。痛みの正確な表現を試みることは、病院での問診など、特殊な状況でのみ実践されているものでしょう。

内面をもつことの実践としての嘘をつくこと

先の引用文で古田は、痛い演技ができるようになり、「言葉を用いた虚実入り交じったコミュニケーション」を習得することと、心（内面）が発達することは重なり合っているとも指摘していました。子どもが嘘をつけるようになるということとその子どもが内面をもつようになること、言い換えれば、心を発達させることは重なり合っているというわけです。

この点を、本書の議論に即して考えるとこうなるでしょう。嘘をつくことは、自分では真であると信じていないことを、あたかも真であると信じているかのように相手に言うことでした。「あたかも」という点には嘘をつく時の言い方、振る舞い方の演技性が含まれます。この意味で嘘をつけるようになるには、第一に、自分が本当に信じていることと口先だけで相手に言っていることが違う、ということが理解されなければなりません。第二に、自分が本当に信じていることと外面的な振る舞いが表現している内容は違う、ということも理解されていなければなりません。このように、嘘をつくには、内面（心）で信じていることと外面で行なっていることの区別が必要です。嘘をつくことは、外面で言ったり行なったりすることによって内面を隠す実践だとも言えるでしょう。言い方や振る舞い方が拙いと内面はたちまち暴露されてしまうので、この隠すという実践にも修練が必要です。

ウィトゲンシュタインと古田から学べるのは、子どもが嘘をつくようになることと心（内面）をもつことの重なりです。内面がまずあって嘘をつくのではなく、嘘をつくことは内面をもつことの実践なのです。しかもこのことは子ども時代の内面形成に関する事柄というだけではないでしょう。痛む時、誰かに分かって欲しいと思い、助けを求めたり、同情を求めたりすることは、最後までなくなることはないでしょう。しかし、痛みがそのまま相手に伝わることはない以上、いくつになっても、私たちは、痛みを大げさな演技で表現せざるをえません。そしてそれは、自分自身の心をもつことの絶えることのない実践ではないでしょうか。逆に、ことを大げさにしたくない、心配させたくないと思い、本当はすごく痛いのに、実際よりも痛くないふりをするということもあるでしょう。隠すにしても明らかにするにしても、他人に対して自分の内面をもつことにとって、演技することやふりをすることは重要な役割を果たしています。完全なガラス張りのように思っていることが全て他人に分かってしまう状態では、自らの心という領域が成り立たないように思われるのです。

子どもが一人の人として見えてくる時――尊重説再考

第一章でサンタクロースの話をしたことを覚えているでしょうか。サンタクロースからのプレゼントを用意する大人たちは、最終的には子どもを騙そうとする意図をもっていませんでした。むしろ、サンタクロースの話の眼目は、ある時期になったら子どもに本当のことを語ることにあると言えるほどです。その「ある時期」というのは、子どもの嘘が巧みになり、複雑な内面をもつことを実践し始める時期に重なっているでしょう。

サンタクロースを信じていた子どもも、ある程度の年齢になると、嘘をついたりつかれたりする経験をし、相手の言っていることを疑ったりすることがあります。大人には、その時、子どもが自分とは異なる独自の心をもった一人の人として見えてくるでしょう。まさにその時、大人は子どもをもはや「ただの子ども」と見るのではなく、目の前の「人」と本当のことを話し合わなければならないと感じるのです。

第二章では、大人が子ども本人にとって重要な事実を隠したり、嘘をついたりする場面を取り上げました。大人は、最初は、子どもはまだ何も分かっておらず、子どもにとって何が幸福かは自分が分かっていると思っているでしょう。しかし、子どもが何かを隠したり聞かれてもはっきりと答えなくなったりするのを見るうちに、子どもが独自に心をもち、固有な願望や希望を抱えて生きていることに気がつくようになります。その時、大人は、もはや子どもではないこの相手を一人の人として尊重して、本当のことを話し合う必要性を感じる機会を得るのではないでしょうか。お互いに嘘をつくことができる人たちの関係は、それぞれが独自の心をもって生きている人間同士の関係であり、だからこそ、きちんと包み隠さずに話し合うことが時として大事になるのです。

子どもが一人の人として見えてくる時、大人は子どもを一人の人として尊重し、自分の利害関心と同等の重みをもつものとして子どもに固有な利害関心を考慮しなければなりません。しかし、子どもが何を願い、何を望んでいるかは、自分一人で考えていても分かりません。この時、嘘をついてその場をしのいだり、推測したり疑ったりするよりも、お互いに何を信じ、何を願っているのかをオープンに話し合うことが大切になってくるに違いありません。第二章で見た尊重説は、このように、子どもが内面をもった一人の人になることと、嘘をつくことは悪いと感じることとの関係をうまく捉えることができます。

嘘をつくことが悪いのであれば、嘘をつかないことは良いことのはずです。しかし、私たちはそれでも嘘をつくことへと誘惑されずに生きていくことはできません。そういう存在であるにもかかわらず、嘘をつかないような生き方をすることはできるのでしょうか。それはどういう生き方なのでしょうか。最後にこのことを考えたいと思います。

5　正直さとは――心の葛藤と自分を大切にすること

正直であるとは絶対に嘘をつかないことか

嘘をつかないような生き方をしている人のことを「正直だ」とか「誠実だ」と言うことがあります。ではまず、正直であるとはどういうことでしょうか。

正直であるとは絶対に嘘をつかないことだ、という答えについて考えてみましょう。絶対に嘘をつかないということは、どんな状況にあっても、誰に何を聞かれても、必ず、自分がそう信じていることをそのまま口にするということでしょう。ということは、本当のことを言えば周りにからかわれたり、あるいは人命が危うくなったりするような場合でも、やはりそのまま自分が信じている通りのことを言うことになります。

自分や他人を守るために必要な場合でも、思ったことをそのまま無防備に口にすることが、尊敬の念を込めて正直と呼ばれる人の生き方でしょうか。どうもそのようには思えないのではないでしょうか。全く嘘をつくこともなく、このような状況なら嘘をついてもよいんじゃないか、という心のブレもないとなると、「馬鹿正直」という言葉があるように、たしかに正直なのかもしれないけれど、思慮に欠けるように感じられるようです。

自分や他人を傷つけても嘘をつかずに思ったままのことを言う人は、多くの傷を負い、多くの傷を与えるでしょう。そのような痛ましい状況に対して、「馬鹿」という言い方で済ますことが適切には思えません。では、嘘をつかないあり方が正直であり、正直であることはガラス張りの状態になることではないのであれば、それはどういう生き方なのでしょうか。

「あの人は正直な人だ」――正直さの条件としての嘘をつけること

私たちは時として「あの人は正直な人だ」と、その人の立派さを認めて言うことがあります。それはどういう人のことでしょうか。

ドイツの教育哲学者であるオットー・ボルノー（一九〇三〜九一）は、「率直」と「正直」を区別し、「率直」が「まだ特別な内面性を形成し遂げる以前の状態にある」[12]のに対して、「正直でありうるのはつねに、自分自身に対してとらわれず自由な態度をとるか、それとも自分自身を見捨てるかという二つの可能性を自らのうちにもっているような存在だけである」[13]と述べています。

まず、「率直」であるというのは、ごまかしや嘘がなく、自分が信じていることをそのまま言い、自分が信じていることと言っていることとが一致していることです。「絶対に嘘をつかない人」として先に見たようなあり方は、この意味で「率直」だとは言えます。ボルノーによれば、このような率直さは「まだ特別な内面性を形成し遂げる以前の状態にある」のであり、つまりは、まだ嘘をつくことのできない子どもに見られる状態です。他人に対する不信を知らず、内面を隠すことを知らない状態であり、事実として嘘をついていないとしても、「嘘はつかないぞ」という意志を自らで働かせたわけではありません。

「嘘はつかないぞ」という自発的な意志を働かせるためには、嘘をつく能力を身につけている必要があります。内面を隠したり、他人を騙す意図をもったりすることができる限りで、「嘘はつかないぞ」という決断もできるのです。つまり、嘘をつかないという自発的な意志を働かせるためには、自分の都合が悪くなれば嘘をつく誘惑にかられてしまったり、本当のことを言ったら周りにからかわれると分かれば嘘をついてその場をしのぐ技術をもっていたりしなければなりません。自分が信じていることを隠しておくことができなくてはならないのであり、つまり、ボルノーの言うように「特別な内面性を形成し遂げている」必要があります。単に「率直」なのではなく「正直」であるためには、社会がどういうところかをある程度認識しており、ある状況に陥れば嘘へと誘惑されるような心の側面をもっていなければならないわけです。

実際、「あの人は正直だ」と賞賛を込めて言われる人は、全く無垢《むく》な人ではなく、普通の人であればつい嘘をついてしまうような場面でも、ぐっと思いとどまってそうしない、そういう精神的な力をもっている人でしょう。嘘をつけば利益を得られそうな場面、嘘をつけば不都合な状況を取り繕うことができそうな場面、あるいは、嘘をつけば表面的には人間関係を維持できそうな場面で、やっぱり、嘘をつくのは止めようと思いとどまり、自分が信じていることを正直に言ったり、相手とオープンに話し合うために努力したりする人でしょう。

正直さ――心の葛藤を経験することと自分を大切にすること

ボルノーの言葉に戻りましょう。正直な人は、「自分自身に対してとらわれず自由な態度をとるか」、「自分自身を見捨てるのか」という二つの可能性の間で葛藤する存在です。このような心の葛藤を経験できるということは、正直に本当のことを言うか、嘘をついてその場をしのぐか、というジレンマに立てることだと言い換えてもよいでしょう。

しかし、なぜ、嘘をついてその場をしのぐことは「自分自身を見捨てること」であり、本当のことを言うことは「自分自身に対してとらわれず自由な態度」を取ることなのか。本書のこれまでの内容から考えてみましょう。

第二章で害説の検討をした時に、嘘をつくことは他人だけでなく自分自身も苦しめるという点を確認しました。嘘をつくと、「嘘をついた」と相手に言うことができず、また、一度嘘をつくとその嘘と辻褄《つじつま》の合うように嘘を重ねるしかなくなります。言いかえれば、自分自身が相手にやったことや思ったことについて相手と自由に話すことができなくなり、どれほど後悔しても嘘をつく前には戻れないという苦しみがあります。つまり、成り行きに振り回され、自由を失い、自分が望むように振る舞えなくなってしまうのです。ここで、自分の気持ちを押し殺し、苦しみのなかに自分を閉じ込め、偽りのない人間関係を取り戻す希望も失ってしまうとすれば、ボルノーが言う「自分自身を見捨てる」ことになるでしょう。

しかし、嘘のせいで自分自身を見捨てそうになっても、私たちには「自分自身に対してとらわれず自由な態度」をもつ可能性も残されているとボルノーは述べています。友達と遊んでいたらつい楽しくなって恋人との約束に遅れてしまった時、自分の不都合を取り繕うために何気なくついた嘘が大きな嘘になってしまい、恋人に悪いと思ってもあれは嘘だったと言えない時、自分の思っていることや自分が今日したことなどをオープンに話せる仲がどれだけ貴重であるかが身にしみるでしょう。その気持ちに忠実になるなら、どんなに謝ることになっても、あるいは呆《あき》れられることになっても、本当のことを話そうという勇気をもてるかもしれません。そして話してみたら、恋人は呆れることも、謝ることを求めることもなく、「気にしないでいいよ」と言ってくれるかもしれません。その時には、相手はどうせ怒るだろうと決めつけていた自分の小ささに恥ずかしくなるかもしれません。自分自身に対して自由な態度をもつということは、さまざまな思い込みや恐れにとらわれずに、自分に素直に、自分らしくあろうとすることだと言えるでしょう。

嘘をついて自分を失ってしまう可能性と自分に忠実に自分らしくある可能性の間で、葛藤できる心（内面性）をもっていることが、正直であることには必要です。正直であるために必要なのは、裏表がないことではなく、嘘をつきたくなるときにぐっと思いとどまる意志であり、嘘をついてしまった時にも本当のことを話そうとする意志を失わないことです。以上のことから興味深いことに気づかされます。正直であることは、一方で他人に対して嘘のない生き方であり、つまり、他人を傷つけたり他人の利害関心を決めつけたりすることへの抵抗があり、他人とオープンに対話することを求める生き方だと言えます。しかし同時に、正直であるとは、自分自身を大切にすることであり、自分らしくあることを切望することなのです。

6　自分らしさを求めて――誠実さの倫理

不誠実さ――一人の人間としての成長と自分らしくなさの自覚

嘘のない生き方については「正直」の他に「誠実さ」という概念もあります。ボルノーによれば、「誠実は、開放性と純正さが人間にとって自由に選ばれた目標となるところではじめて発生する。誠実は一つの抵抗から無理やり奪い取られた、人間の自己自身に対する透徹さである」[14]ということです。誠実さとは何か、この文章を解釈しながら考えましょう。

まず、誠実さは、単に正直であるだけでなく、嘘がなく自分らしく生きることを「目標」として生きるあり方に関わっています。別の例で言えば、勇敢な人のなかにもさまざまな人がいます。ある人はごく自然に勇敢に行動します。ある人は自分が臆病であることをよく知っていて、臆病さを克服して勇敢になることを目指しています。自分の弱さをよく知る者だけが、強くなることを目標にできると言ってもよいでしょう。

正直でいたいと望み、嘘をつく誘惑を克服したり、本当のことを話したりするあり方においても、どれだけこのことに悩み、どれだけこのことを人生の重要な目標としているかには程度差があるでしょう。外面的に見てその人が勇敢か、あるいは正直かという点では同じであっても、その人の心のなかで何が起こっているかはさまざまです。誠実さは、自分のあり方に悩み、自分らしさを求めるその心の働きに対する名称だと言えるでしょう。

勇敢であることを目標にするには自分の臆病さをよく知らなければならないように、誠実であるためには、まず、自分の不誠実さをよく知らなくてはなりません。ボルノーによれば、誠実の精神に引き入れられることは、個人が、権威をもった集団からの期待やその集団の価値判断に順応する傾向において生じるものです[15]。本書の議論で見てきたように、嘘をつくという実践は、例えば、本当のことを言ったら周りに変に思われるという同調圧力によって誘発されます。この嘘の誘発においては、たしかに多数派の集団が何を普通と見なすかなどの社会の価値判断に順応していると言えるでしょう。しかしこうした場合だけでなく、善意の嘘が口をついて出てくるということには、コミュニケーションの固定したパターンをなぞっているという側面がありました。この場合にも社会の期待に順応する面があります。さらに、自分の過ちをごまかそうとする嘘は、どういうことをすると怒られるのか、どういうことをすると罰せられるのかという社会の状況を認識した上で、状況に対処するためにつかれるのでした。この場合にも社会の価値判断に沿った対応という面が見られます。

子どもが成長するということには、社会化され、世の中の期待や価値判断に順応していくことが含まれます。ということは、逆説的ですが、子どもが一人の人間として成長することには、自分のやっていることは自分らしくないという感覚をもつことも含まれるでしょう。自分がやっていることは結局周りに合わせているだけなのでないか、という疑問をもつ、と言い換えてもよいでしょう。

嘘をつくことは内面をもつことの実践であると同時に、本当の自分と見せかけの自分の分離を経験することであり、他人とやり取りしている自分は本当の自分ではないという感覚を育てることでもあります。ボルノーは「かかる順応がまだ無自覚な形で起こる場合には、まだ誠実とか不誠実の問題はまったく存在しない」[16]と言います。成長し、社会に順応するなかで自分らしさを失っていることを自覚するとき、自分を失うことへの抵抗としての誠実さが目標として目覚めてくるのです。

誠実さ——打ち開かれてありのままであることを目標として生きる

以上のように、誠実さは自分らしくあることを自分で「目標」として選び取るところに成立します。その目標はより具体的には「開放性と純正さ」と呼ばれていました。開放性とは、簡単に言えば、オープンであること、打ち開かれていること、あけっぴろげであることです。純正さとは、ありのままであることだと言えます。私たちには、ありのままにオープンに人に接する人間でありたいと思うことがあるでしょう。しかし、これは、社会に順応することで成長した大人にとっては非常に困難であり、ことさらに人生の「目標」とされるようなものです。

ボルノーによれば、開放性は先天的なもので、純正さは自然に与えられるものです。どんな大人も生まれた時には、何も隠すことはなく、あるいは隠すこともできず、すべてはオープンだったはずです。嫌であれば大泣きし、好きなものをもらえばニコニコし始めたのではないでしょうか。純正さ、つまり、ありのままであることも、最初は、努力して達成することではなく、単に自然とそうだったはずです。しかし、これらの開放性や純正さは、社会に順応して一人の人間として成長するなかで失われていきます。ありのままの自分で、オープンに人に接することができればどんなによいでしょう。しかし現実には、胸を張って、私は自分らしく偽りのない人生を生きていると言える人はほとんどいないのではないでしょうか。

生まれつきの仕方でオープンであることが失われた後、それでも隠し立てなく打ち開かれたあり方をしようとすると、かえって「悪しき開放性」や「悪しき閉鎖性」に陥るという難しさをボルノーは指摘しています。他人に対してオープンに振る舞おうと努めて試みると、必要以上に馴《な》れ馴れしくしたり、軽率に言うべきでないことも口にしたりして、結局は他人に対して失礼になってしまうという「悪しき開放性」に陥る危険があります。他方、他人にあまりに近づきすぎないように気をつけると、他人と話すことを恐れ、小心になって自分の殻に閉じこもったり、自分はこれでよいのだ、他人と話す必要なんてないんだと開き直ったりする「悪しき閉鎖性」に陥る危険があります。[17]

また、「ありのままである」というのも、自然にそうであった時期を過ぎて、周りの期待や価値基準に合わせて行動するようになった後では、簡単ではありません。誰かと話す時に、相手が自分に言って欲しいと期待しているであろうことを言うのではなく、自分が思っていることをありのままに話そうと意識する場合を考えてください。問題は、「ありのまま」とは意識せずに与えられるものであり、意識して技巧的になると「ありのまま」からは遠ざかってしまうということです。相手が友達でも親でもかまいません。ありのままを意識すると、ぎこちない話し方になって、自分らしさからは遠ざかってしまう場面を誰でも思い起こすことができるのではないでしょうか。

誠実であること、つまり、幼い頃にはただそのまま享受していた状態、つまり、あけっぴろげでありのままであるという姿を回復することは、成長して、一人の人になった存在にとっては大きな困難です。だから、誠実さにおいては、社会で生きていく中で自分を失っていくことに対する一つの抵抗として、自分を取り戻すことが問題なのです。ボルノーは誠実さを「人間の自己自身に対する透徹さ」の点で特徴づけていました。私たちは自分であるというだけの理由で、自分についてよく理解しているというわけではありません。自分を知るためには、自分のことをよく考える必要があり、また、自分のことをよく考えるためには、自分を大切にすることが必要です。誠実さが目標になる時、人は自分を大切にし、何重もの仕方で自分のことを考えているでしょう。

　周りのことを気にかけることなく、自由にありのままに生きていた時のことを懐かしく思い出すこと。成長するにつれ、社会に合わせている部分が大きくなってきたことを振り返って見つめること。それでも自分らしくあることを諦めず、オープンでありのままに接したいと望むこと。相手に疑い深くなるのでも、相手の考えを決めつけるのでもなく、素直に話し合うことを望むくらい、相手を大事にしたいと感じること。嘘のない生き方をしようと望むこと、誠実さを目標として生きることは、自分自身に対する「透徹さ」、つまり、自分自身のことを透き通るように知ること、そのようにして自分以外の何物でもないその自分であることなのです。

谷川俊太郎「うそ」を読み直す

自分らしさとしての誠実という生き方にたどり着いたところで、本書の思考の旅はそろそろ終わりにしましょう。最後に、「はじめに」で予告したように、詩「うそ」に立ち返りたいと思います。これまで嘘について多面的に考えてきました。今なら、そこで何が言われているのかについて、最初にこの詩を見た時よりははっきりとした見解を示せるかもしれません。私たちなりにどういう解釈ができるか、考えてみましょう。

まず、この詩ではおかあさんがうそをつくなという理由は、「うそはくるしいとしっているから」だと言われていました。第二章で害説を検討した時に、嘘は、嘘をつかれた相手に害を与えるだけでなく、自分のことを苦しめることを見ました。より具体的には、嘘をついたと相手に言えなくなり、それでも嘘を重ねるしかなくなるという苦境を確かめました。「うそはくるしいとしっている」とは、大人は嘘をつくことでこういう苦境を経験してきたということかもしれません。

次にこの詩には、「いぬだってもしくちがきけたら／うそをつくんじゃないかしら」という問いが登場しました。第三章で見たように、人は言葉を学ぶために嘘をつくことを学ぶ必要があり、また、嘘をつくことで内面をもつことを実践していきます。嘘をつくことは、心をもち、言葉をもつ動物、つまり人間の存在にすでに含まれた本質的な要素だと言えるでしょう。それゆえ、犬も、もし言葉をもつ人間のような動物だとしたらやはり嘘をつくでしょう。詩の問いはこうした人間の存在の本質に関わる問いなのかもしれません。

詩では次に「うそをついてもうそがばれても／ぼくはあやまらない」と言われています。本章の各所で確認したように、一口に嘘と言っても、自発性や強制性の度合いはさまざまです。なかには、本当のことを言ったら周りにからかわれたり変に思われたりするがゆえに、つきたくもない嘘をついてしまうということもあります。しかも、そのような場合、嘘をつかざるを得ない理由は社会のなかに「これが普通だ」という決めつけがあるからです。このように自分にとって大切でプライベートな事柄を守るために、嘘をつくしかない状況がある場合、その嘘がばれても、謝る必要はないし、謝るべきでないでしょう。むしろ、問題は、そのような嘘をつかせた周りの人たちの無知や偏見にあり、そのような無知や偏見を育てている社会をどうするかにあるはずだからです。

この箇所は一見すると、「嘘をついたってよいんだ」と開き直った発言のように見えますが、そうではないはずです。「ぼくはあやまらない」の後に「あやまってすむようなうそはつかない」と続くからです。第二章では、利益を得るために計画的に嘘をつくこと、自分の過ちをごまかすために嘘をつくこと、善意と呼ばれるもののために嘘をつくことなども取り上げました。利益を得ようとついた嘘がばれたら、あるいは過ちをごまかすための嘘がばれたら、罰を逃れるために、あるいは相手の怒りを抑えたり失われた信頼を回復したりするために、（本心からかどうかはともかく）人はまず謝るでしょう。もっとも、謝れば済むとは限りません。しかし、この種の嘘をついて謝っている時、これで済んで欲しいと期待していることはたしかです。「あやまってすむようなうそはつかない」という箇所が、誠実であろうとする自分への呼びかけだとすると、相手に嘘をついておいて、謝ったから許してくれと相手に要求するようなことはしたくない、そんな結果を招くような嘘はつかない、というふうに解釈できないでしょうか。

詩は、「だれもしらなくてもじぶんはしっているから／ぼくはうそといっしょにいきていく」と続きます。この箇所で言われている「うそ」は、「うそをついてもうそがばれても／ぼくはあやまらない」と言われている時の「うそ」のことであり、「あやまってすむようなうそはつかない」という時の「うそ」ではないように私には思えます。つまり、周りに茶化されてはならない自分の大切な部分を守るための嘘です。

詩の最後でこう言われます。「どうしてもうそがつけなくなるまで／いつもほんとにあこがれながら／ぼくはなんどもなんどもうそをつくだろう」。ここの「うそ」が「あやまってすむようなうそ」ではないとすれば、「どうしてもうそがつけなくなるまで」というのは、最初の嘘と辻褄が合うように嘘を重ねてついに嘘の連鎖が破綻した、という場面のことではないはずです。むしろ、第三章で見たように、嘘をつくことで自分自身を失っていたり、周りに合わせて自分らしくない生き方をしていたりすることに対する抵抗が高まり、オープンでありのままに自分らしくあることへの要求が高まった場面を想像することができます。このような誠実さは、外から押し付けられるものではなく、自分自身で自由に選び取られる「目標」だとされていました。

詩では、どうしてもうそがつけなくなる時について「いつもほんとにあこがれながら」と言われ、それまでは「ぼくはなんどもなんどもうそをつくだろう」と言われています。この「あこがれ」は「目標」と重なり合うものかもしれません。しかし、誠実であることは、単に個人的な決心で達成できるものとも思えないのでした。ある状況で嘘をつくように動機づけられることは、このような状況では怒られるとか、このような状況では適当な嘘をついてその場をしのぐのが楽だ、といった仕方で社会に順応することを含んでいました。嘘をつくことが善意の名の下に慣例となっている状況のなかには、例えば、出生に関する嘘の場合のように、前提に「普通」とされるあり方があり、それゆえ、普通とは異なることを隠す以外に方途がないように思われている場合もあります。誠実さへの「あこがれ」は、オープンでありのままであることを阻んでいるような社会が変化することへの憧れであり、それまで「ぼくはなんどもうそをつくだろう」という思いは、大事なことについて嘘をつかざるをえないことへの悲しみや怒り、あるいは社会への異議申し立てという意味をもっているのかもしれません。

もちろん、詩の解釈に正解などないでしょう。でも、この詩に触れた子どもに、これってどういう意味、と聞かれた時に、むずかしいねえなどと言ってごまかすのではなく、自分なりに真面目に考えたことを伝えることができるようになりたいと私は思います。それは、誠実に生きることを目標として生きたいと思う私にとって、大人としての責任のように感じられるのです。私には、その責任を果たすために、「嘘をつくとは何をすることか」「嘘をつくことはどう悪いのか」「それでもなぜ嘘をつくのか」といったことを問う哲学が必要でした。そしてこれらの問いを探究することで、一応、この詩についてちゃんと話し合える準備ができたように思っています。

あとがき

本書の計画は、筑摩書房の橋本陽介さんから、「高校生向けに、池田さんの考える倫理学の本を書いてください」と依頼されたことから始まりました。すぐに嘘《うそ》というテーマが浮上し、決定となりました。

それまでにも高校生向けに話をする機会がたびたびありました。そうした時にはいつも嘘をテーマにしてきました。倫理学のさまざまなテーマのなかからこのテーマを選び出した——というより、自然にそうなっていたというのが実感です。嘘をつくことは、高校を卒業してからすでに三〇年が経《た》とうとしている私と、現役の高校生とが同じようにリアルに体験している点で際立っていると感じていたからだろうと思います。

倫理学の他のテーマ、例えば、戦争とか死刑とか安楽死とかを考える場合には、知識や経験の有無が大きく影響します。それに比べて、嘘をつくことに誘惑されたり、嘘をついて苦しんだり、誠実に話し合いたいと願ったりする気持ちは、人間が子どもの時から大人になっても持ち続けるものです。人間は嘘をつく動物として存在しており、生きている限り、自己への誠実／不誠実という問題と向き合うしかない。だからこそ、こうしたことを、自分らしく生きることを人生の課題にし始めた、若い人たちと語り合いたい。高校生向けに話をする場合に嘘をテーマにしてきた背景には、そういう気持ちもあったように思えます。

いや、若い人たちと、というのは、同じ人間の間に壁を作る言い方でよくないですね。私の勤務先である明治大学のオープンキャンパスでも嘘をテーマにしてきました。そこには、受験を控えた子どもと一緒の親をはじめとして、大人も多く訪れます。世代を超えて嘘について一緒に考える場面は印象的です。子どもの付き添いで来たはずの大人の顔色が変わっていくのが分かるのです。それもそのはずで、嘘をつくことは家族の会話に深く浸透し、その関係に重大な影響を与えうるものであることは、本書でもたびたび触れました。私にも、嘘をついたりつかれたりする経験をし始めた年の子どもたちがいます。谷川俊太郎さんの『うそ』はその子どもたちの絵本です。

ところで、テーマを嘘にするということだけでなく、全体を三部構成にすることも比較的早めに決まりました。今日、専門的学問としての倫理学は善悪の問題ばかりを論じる傾向があります。本書で言えば第二章で扱った「嘘をつくことはどう悪いのか」という問いは典型的に倫理学の問いです。しかし、行為の善悪だけでなく、そもそもそれは何をすることなのか、悪いと分かっていてもなぜするのか。本書の三つの問いのように多面的にアプローチしないと、私はどうしても本気でそのテーマを考えたという実感をもつことができません。あるいは、倫理学のどのテーマであれ、最低でも本書くらいには多面的に問い、長めに考えないと、深刻な話題を軽く扱っているように思えてしまいます。現実の人間の関心や思考は専門的な学科の区分のようには分離していないからです。本書に先立ち出版した『差別の哲学入門』（池田喬・堀田義太郎著、アルパカ、二〇二一年）では、「差別とはどういうものか」「差別はなぜ悪いのか」「差別はなぜなくならないのか」の三つの問いから成り立つ三章構成で差別について考えました。本書はこの構成を踏襲しています。

本書では、嘘について考えていくうちに、笑い、社会、友人、尊重、政治、成長、自分らしさ、などまでをも相互関連のうちで話題にしました。そしてそのような関連性で私たちが生きている世界は出来ています。本書が、社会を変えるとは、友情とは、自分らしくあるとは、などについても考えるきっかけになればと思います。私の考える倫理学とは、そのような人間存在への体系的な思索です。それゆえ、本書は、狭い意味での倫理学の本ではなく、「人間とは何か」を問う「哲学」の本であるというほうが妥当でしょう。

＊

言語哲学のなかでも特に言語行為論の道具立てを用いて、言葉を使用するさまざまな行為を考察するアプローチに関心をもつようになって七、八年になります。二〇一八年に、ヘイトスピーチの言語行為論を参照してハラスメント発言を分析した論文を発表した（『哲学』六九号）頃からの継続的な関心が、第一章での嘘の考察を可能にしました。もっとも言語哲学は私の専門領域ではなく当時は独学で心細かったのですが、和泉悠《いずみゆう》さん（南山大学）が専門的見地から、嘘を含む「悪い言語」の哲学を一般向けに積極的に紹介されてきたことに大いに励まされてきました。その和泉さんも本書と同じ「ちくまプリマー新書」から『悪口ってなんだろう』を昨年出版されました。本書と合わせてぜひ手にとって欲しいと思います。本書の内容の補完にもなりえますし、本書の内容が相対化され、本書の独自性だけでなく不十分さや問題点も見えてくるかもしれません。

他にも名前を挙げてお礼を言いたい人が何人かいます。まず、古田徹也さん（東京大学）にお礼申し上げます。古田さんはかつて「旧知の池田喬さん（明治大学）とこれまで交わしてきた幾多の議論や、池田さんの諸論考の影響が色濃く、これとして取り出すのが困難なほどです」（『いつもの言葉を哲学する』、朝日新書）と記してくれたことがありました。そして今、私も全く同じように感じています。古田さんの諸著作と数えきれない時間交わしてきた対話からの影響は、第三章を筆頭に本書の至るところに及んでいます。また、坂本邦暢《くにのぶ》さん（明治大学）、堀田義太郎さん（東京理科大学）との折々の会話を通じて考えたこともたくさん本書に取り入れられています。古田さん、堀田さん、吉川孝さん（甲南大学）は本書の全体を、また佐藤暁《あきら》さん（駒澤大学）はその一部を読んで重要なコメントをくださいました。この場を借りてお礼申し上げます。もちろん、内容についての一切の責任は私にあります。

最後に、明治大学文学部の講義「倫理学概論」で二〇二二年度から二四年度の三年間にわたって、本書の内容についてお話ししました。学生たちからの質問や提案を受けて考えたことが本書には多く含まれています。どうもありがとうございました。熱心に参加してくれた学生たちにお礼の言葉と、そしてエールを送ります。

二〇二四年一一月一八日

池田喬

註

はじめに

1　谷川俊太郎（詩）中山信一（絵）『うそ』主婦の友社、二〇二一年

第一章

1　オースティンが言語行為論の枠組みを提示した書物は、J・L・オースティン『言語と行為――いかにして言葉でものごとを行うか』（飯野勝己訳、講談社学術文庫、二〇一九年）です。この翻訳書の副題「いかにして言葉でものごとを行うか（How to Do Things with Words）」は原書では原題になります。

2　オースティン（二〇一九）、第Ⅷ講

3　Davidson, D. (1984) *Inquiries into Truth and Interpretation*, Oxford University Press, p. 258. 日本語訳では以下の箇所が該当しますが、訳が不正確なので原文から訳出しました。D・デイヴィドソン『真理と解釈』野本和幸・植木哲也・金子洋之・髙橋要訳、勁草書房、一九九一年、二八三頁

4　和泉悠『悪い言語哲学入門』ちくま新書、二〇二二年、一五七頁。以下にもほぼ同様の定義が見られます。H・カペレン、J・ディーバー『バッド・ランゲージ――悪い言葉の哲学入門』葛屋潤・杉本英太・仲宗根勝仁・中根杏樹・藤川直也訳、勁草書房、二〇二二年、六一頁

5　皮肉のこの例は以下から借用しました。Jorgensen, J., Miller, G. A., and Sperber, D. (1984) Test of the Mention Theory of Irony. *Journal of Experimental Psychology*, 113 (1), p. 114.

6　P・グライス『論理と会話』清塚邦彦訳、勁草書房、一九九八年、八〇頁
7　以下の論文はその一例です。Reboul, A. (1994) The Description of Lies in Speech Acts Theory, in Herman Parret (ed.) *Pretending to Communicate*, De Gruyter, pp. 292-298. 以下の第四章第四節にも説明があります。M・K・マクゴーワン『ただの言葉――スピーチと隠された害』堀田義太郎・池田喬・八重樫徹訳、法政大学出版局、近刊
8　早坂隆『新・世界の日本人ジョーク集』中公新書ラクレ、二〇一七年、一六一頁
9　笑いの哲学的考察は以下のジョン・モリオールの著作を参考にしました。J・モリオール『ユーモア社会をもとめて――笑いの人間学』森下伸也訳、新曜社、一九九五年、九頁
10　C・デイビス、安部剛『エスニックジョーク――自己を嗤い、他者を笑う』講談社選書メチエ、二〇〇三年、二三一二四頁
11　モリオール（一九九五）、二〇七―二〇八頁
12　モリオール（一九九五）、二八―二九頁
13　S・ハーショヴィッツ『父が息子に語る　壮大かつ圧倒的に面白い哲学の書』御立英史訳、ダイヤモンド社、二〇二三年、四〇三―四〇五頁
14　ハーショヴィッツ（二〇二三）、四〇八―四〇九頁
15　自分に嘘をつけないということは自分を騙せないということではありません。変装その他によって他人を騙しうるのと同様、言葉を呪文のように自分に発する以外の仕方で自分を騙すことは可能です。哲学ではそのような場面は「自己欺瞞」と呼ばれます。自己欺瞞には、他人に嘘をつく場合とは異なる固有な心の働きを認めることができ、それ自体、専門的な考察を要します。以下の前半部を参照してくださ

い。浅野光紀『非合理性の哲学――アクラシアと自己欺瞞』新曜社、二〇一二年

16 J・M・ソール『言葉はいかに人を欺くか――嘘、ミスリード、犬笛を読み解く』小野純一訳、慶應義塾大学出版会、二〇二一年、二一―二三頁

17 V・ハヴェル『力なき者たちの力』阿部賢一訳、人文書院、二〇一九年、二一頁

18 ハヴェル（二〇一九）、一五頁

19 I・カント「人間愛から嘘をつく権利という、誤った考えについて」小谷英生訳、『カントの「嘘論文」を読む――なぜ嘘をついてはならないのか』白澤社、二〇二四年、八九頁

20 小谷英生『カントの「嘘論文」を読む――なぜ嘘をついてはならないのか』は、前注の翻訳を含み、カントの道徳哲学と政治哲学の広い文脈からこの問題を解き明かしています。

21 G・E・M・アンスコム「現代道徳哲学」生野剛志訳、『現代倫理学基本論文集III――規範倫理学篇②』大庭健編、勁草書房、二〇二一年、一四四頁

22 カント（二〇二四）、八八―八九頁

第二章

1 ある行為がどうして悪いのかを説明する倫理学説として、以前に、池田喬・堀田義太郎『差別の哲学入門』（アルパカ、二〇二一年）の第二章では、心理状態説、害説、自由侵害説、社会的意味説の四つを取り上げました。尊重説は、心理状態説と社会的意味説にともに含まれる包括的な考え方です。本書で取り上げることのできなかった自由侵害説のことも含めて、『差別の哲学入門』もご参照いただけると幸いです。

2 S・ボク『嘘の人間学』古田暁訳、TBSブリタリカ、一九八二年、四七頁
3 ボク(一九八二)、四七頁
4 遠藤まめた『みんな自分らしくいるためのはじめてのLGBT』ちくまプリマー新書、二〇二一年、二〇—二一頁
5 遠藤(二〇二一)、四六頁
6 アンスコムのアイデアは次の引用に示されています。「Aに関する「なぜ」の問いに対する答えとしてDが与えられたとすれば、BとCは、そのDに関して「どのようにして」を問う問いに対する答えのなかに登場しうる。項がこのような仕方で関連しあっている場合、それらは手段の連なりを構成する。そしてその連なりの終端に位置する項は、まさに終端として与えられていることにより、そのかぎりにおいて、全体の目的として扱われる」(G・E・M・アンスコム『インテンション——行為と実践知の哲学』柏端達也訳、岩波書店、二〇二二年、一〇六頁)。この箇所についての私の解説は以下にあります。
7 池田喬『ハイデガーと現代現象学——トピックで読む『存在と時間』』、勁草書房、二〇一四年、第三章
8 ボク(一九八二)、九六—九七頁
9 この一件についての記述は、池田喬・堀田義太郎『差別の哲学入門』第三章に依拠しています。
10 「ウソの上の人生 23歳で知った、親に隠されてきた精子提供の事実」、『朝日新聞デジタル』二〇二三年六月九日 [https://www.asahi.com/articles/ASR684RWYR66UTIL02X.html]
生命倫理研究者の新田あゆみは、AIDで生まれた子は、精子提供者の名前や職業だけでなく、「自分と似ているのかどうか、似ていないのかどうか気になっているから「知りたい」」と思う場合があることを指摘しています。新田あゆみ『出自とは、親子とは——知りたい子どもと匿名でありたい親』、生

活書院、二〇二三年、一六〇頁

11 これは空想上の話ではありません。例えば、戦争中に家族が離散し、別の大人に拾われて育てられた子の場合、実際の誕生年月日は分からない状態になります。

12 新田（二〇二三）、一九八頁

13 S・ダーウォル『二人称的観点の倫理学――道徳・尊敬・責任』寺田俊郎監訳・会澤久仁子訳、法政大学出版局、二〇一七年、一九一―一九二頁

14 ボク（一九八二）、第一五章「病人と瀕死の人に対するうそ」参照

15 哲学者のローレンス・トーマスは、友人関係の顕著な特徴として、一方が他方に対する権威をもたないことと、お互いの信頼があることなどを挙げています（Thomas, L.（1987）Friendship. *Synthese*, 72(2), p. 217）。本書では、この二つの特徴を、対等であることと本心から話し合えることとして考えていきます。

16 グライスの提案は、数学的理念の使用と同様に「必然的真理」のような哲学的概念も解明できるというものです。数学的理念についてグライスはこう述べています。「ことによれば、何らかの理由から、月下の世界には厳密ないみで円いものは存在しえないかもしれない（議論を単純化するためにそう想定しよう）。だがそのことは、月下の世界において「円い」という語を適用する妨げにはならない。なぜならわれわれはその語を、それ自体では実現できない理想的極限への接近あるいは近似によって適用するのだからである。必要なのはただ、現実の個物を完全な個物の実現不可能な性質と言わば照らし合わせてみることだけである」（グライス（一九九八）、二八七―二八八頁）。

第三章

1　J・R・サール『表現と意味——言語行為論研究』山田友幸監訳、誠信書房、二〇〇六年、一〇九—一一〇頁

2　J・R・サール『言語行為——言語哲学への試論』坂本百大・土屋俊訳、勁草書房、一九八六年、五八—五九頁

3　L・ウィトゲンシュタイン『哲学探究』藤本隆志訳、大修館書店、一九七六年、一七九頁

4　ウィトゲンシュタイン（一九七六）、三三一頁

5　ウィトゲンシュタイン（一九七六）、三三一—三三三頁

6　以下の論点については次の論文を参照しました。Jacquette, D.（2004）Wittgenstein on Lying as a Language-game, in *The Third Wittgenstein: The Post-Investigations Works*, ed. Danièle Moyal-Sharrock, Ashgate Publishing, pp. 160–161.

7　残念ながら翻訳はまだありません。Wittgenstein, L（1988）*Wittgenstein's Lectures on Philosophical Psychology 1946–47*, notes by P. T. Geach, K. L. Shah and A. C. Jackson, ed. P. T. Geach, Harvester Press, 1988, p. 314. この箇所はJacquette（2004）でも言及されています（p. 171）。

8　ウィトゲンシュタイン（一九七六）、一七九頁

9　ウィトゲンシュタイン（一九七六）、一八〇頁

10　古田徹也『このゲームにはゴールがない——ひとの心の哲学』筑摩書房、二〇二二年、二三一—二三三頁

11　古田（二〇二二）、二一四—二一五頁

12 O・F・ボルノー『徳の現象学――徳の本質と変遷』森田孝訳、白水社、一九八三年、一九六頁
13 ボルノー（一九八三）、一九八頁
14 ボルノー（一九八三）、二〇五頁
15 ボルノー（一九八三）、一八七頁
16 ボルノー（一九八三）、一九〇頁
17 ボルノー（一九八三）、二〇〇頁

ちくまプリマー新書

432
悪口ってなんだろう
和泉悠
悪口はどうして悪いのか。友だち同士の軽口とはなにが違うのか。悪口を言うことはなぜ面白い感じがするのか。言葉の負の側面から、人間の本質を知る。

459
悪いことはなぜ楽しいのか
戸谷洋志
意地悪、ルールを破るなど、いけないことには絶妙に心躍る瞬間がある。なぜそういった気持ちになってしまうのか。私たちのダメな部分から「悪と善」を考える。

453
人生のレールを外れる衝動のみつけかた
谷川嘉浩
「将来の夢」「やりたいこと」を聞かれたとき、なんとなくやり過ごしていませんか？　自分を忘れるほど夢中になれる「なにか」を探すための道標がここにある。

408
難しい本を読むためには
山口尚
ページを開いてもわからないものはわからない。そんな本に有効なのは正攻法の読み方だ。キーセンテンスの探し方から読書会まで、いままでにない読書法を教えます。

385
従順さのどこがいけないのか
将基面貴巳
「みんな、そうしているよ」「ルールだから、しかたがない」「先生がいってるんだから」この発想がいかに危険なものなのか、政治、思想、歴史から解明します。

405
「みんな違ってみんないい」のか？
――相対主義と普遍主義の問題
山口裕之
他人との関係を切り捨てるのでもなく、自分と異なる考えを否定するのでもなく――「正しさ」とは何か、それはどのようにして作られていくものかを考える。

407
哲学するってどんなこと？
金杉武司
謎に溢れた世界の読み解き方を教えてくれる哲学。でも何からどう取り組めばいいの？　問いの立て方から答えの探し方まで、練習問題とともに学べる新しい哲学入門。

395
人生はゲームなのだろうか？
〈答えのなさそうな問題〉に答える哲学
平尾昌宏
読書猿さん推薦！　ルールも目的もはっきりしないこの「人生」を生き抜くために、思考の「根拠」や「理由」をひとつひとつ自分で摑みとる練習を始めよう。

454
刑の重さは何で決まるのか
高橋則夫
犯罪とは何か、なぜ刑が科されるのか。ひいては、人間とは何か、責任とは何か？――刑罰とは究極の「問い」である。早稲田大学名誉教授が教える刑法学入門。

440
ルールはそもそもなんのためにあるのか
住吉雅美
決められたことには何の疑問も持たずに従うことが正しい？　ブルシットなルールに従う前に考えてみよう！ルールの原理を問い、武器に変える法哲学入門。

ちくまプリマー新書

113 中学生からの哲学「超」入門 ——自分の意志を持つということ 竹田青嗣

自分とは何か。なぜ宗教は生まれたのか。なぜ人を殺してはいけないのか。満たされない気持ちの正体は何なのか……。読めば聡明になる、悩みや疑問への哲学的考え方。

238 おとなになるってどんなこと？ 吉本ばなな

勉強しなくちゃダメ？ 普通って？ 生きることに意味はあるの？ 死ぬとどうなるの？ 人生について、生まれてきた目的について吉本ばななさんからのメッセージ。

415 宗教を「信じる」とはどういうことか 石川明人

科学の時代に神を信じることは出来るのだろうか？ この世に悪があることを宗教はどう説明するのか？ 素朴な疑問を通して、宗教と人間のリアルに迫る。

287 なぜと問うのはなぜだろう 吉田夏彦

ある／ないとはどういうことか？ 人は死んだらどこへ行くのか——永遠の問いに自分の答えをみつけるための、哲学的思考法への誘い。伝説の名著、待望の復刊！

308 幸福とは何か ——思考実験で学ぶ倫理学入門 森村進

幸福とは何か。私たちは何のために生きているのか——誰もが一度は心をつかまれるこの問題を、たくさんの思考実験を通して考えよう。思考力を鍛える練習問題つき。

ちくまプリマー新書

273
人はなぜ物語を求めるのか
千野帽子
人は人生に起こる様々なことに意味付けし物語として認識することなしには生きられません。それはどうしてなのか？　その仕組みは何だろうか？

442
世にもあいまいなことばの秘密
川添愛
「この先生きのこるには」「大丈夫です」これらの表現は、読み方次第で意味が違ってこないか。このような曖昧な言葉の特徴を知れば、余計な誤解もなくなるはず。

374
「自分らしさ」と日本語
中村桃子
なぜ小中学生女子は「わたし」ではなく「うち」と言うのか？　社会言語学の知見から、ことばと社会とわたしたちの一筋縄ではいかない関係をひもとく。

412
君は君の人生の主役になれ
鳥羽和久
管理社会で「普通」になる方法を耳打ちする大人の中で育ち、安心を求めるばかりのあなたは自分独特の生き方を失っている。そんな子供と大人が生き直すための本。

377
みんな自分らしくいるための
はじめてのＬＧＢＴ
遠藤まめた
恋愛における変なルール、個性を抑えつける校則、家族は仲が良くないといけない……。性の多様性を考えることで、「当たり前」から自由になれる。

ちくまプリマー新書 479

「嘘《うそ》をつく」とはどういうことか　哲学《てつがく》から考《かんが》える

二〇二五年一月十日　初版第一刷発行

著者　池田喬（いけだ・たかし）

装幀　クラフト・エヴィング商會

発行者　増田健史

発行所　株式会社筑摩書房
東京都台東区蔵前二－五－三　〒一一一－八七五五
電話番号　〇三－五六八七－二六〇一（代表）

印刷・製本　株式会社精興社

ISBN978-4-480-68509-4 C0210　Printed in Japan

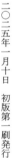